外贸参展全攻略(第三版)

The International Trade Show Strategies (Third Edition)

——如何有效参加B2B贸易商展

钟景松 编著

中国海关出版社

图书在版编目（CIP）数据

外贸参展全攻略——如何有效参加 B2B 贸易商展/钟景松编著 . 3 版 . —北京：中国海关出版社，2015. 6
ISBN 978-7-5175-0076-6

Ⅰ. 外… Ⅱ. 钟… Ⅲ. 国际贸易—展览会—管理 Ⅳ. F743. 3

中国版本图书馆 CIP 数据核字（2015）第 135231 号

外贸参展全攻略——如何有效参加 B2B 贸易商展（第三版）

WANMAO CANZHAN QUANGONGLUE——RUHE YOUXIAO CANJIA B2B MAOYI SHANGZHAN（DISANBAN）

作　　者：钟景松
选题策划：饶淑荣　马　超
责任编辑：郭　坤
助理编辑：胡佳辰
责任监制：王岫岩　赵　宇
出版发行：中国海关出版社
社　　址：北京市朝阳区东四环南路甲 1 号　　邮政编码：100023
网　　址：www. hgcbs. com. cn；www. hgbookvip. com
编 辑 部：01065194242 - 7554（电话）　　01065194234（传真）
发 行 部：01065194221/4227/4238/4246（电话）　　01065194233（传真）
社办书店：01065195616/5127（电话/传真）　　01065194262/63（邮购电话）
http：//store. hgbookvip. com
印　　刷：北京新华印刷有限公司　　经　　销：新华书店
开　　本：710mm×1000mm　1/16
印　　张：16. 75　　字　　数：240 千字
版　　次：2015 年 8 月第 3 版
印　　次：2015 年 8 月第 1 次印刷
书　　号：ISBN　978-7-5175-0076-6
定　　价：38. 00 元

第三版前言

《外贸参展全攻略》首次出版在 2008 年，这些年来值得欣慰的是该书帮助很多外贸一线的销售员及管理人员提升了参展的效果，在我为各地的讲课中得到了大家的积极的反馈，同时，该书也被全国近百家学院选作外贸参展实战教学参考用书。

随着我国经济全球化程度日益加深，会展行业作为新兴的服务业，逐渐成为评判一个城市国际化程度和经济发展水平的重要标准之一。我国会展行业正朝向全球化、互联网信息化、O2O 线上到线下结合、多元化、专业化、体验式和服务营销趋势发展。国际买家的采购模式和我们的外销模式都发生了很大变化，买家的采购行为从标准化、大路货、大订单转向定制化产品、小订单、多批次。这促使我们外贸企业之间的竞争，不仅是产品和服务之间的竞争，而且是创新商业模式之间的竞争；从寻找更多客户到挖掘每个目标客户的深层需求，从提供标准化的产品到提供个性化的服务，从供应链的规划到整个价值链的系统管理，从单打独斗的个人销售到团队销售、团队合作模式，从报价员到销售式顾问，从向客户提供产品到提供解决方案模式。中国出口企业遭遇成本上涨等重重挑战，建立在低价竞争上的销售策略业已走入死胡同，价值销售取代价格销售才能突破出口增长的困局，顾问式销售和项目制管理是今天外销员在商展销售管理中必须具备的能力。

如今，大部分企业特别是民营企业的参展意识很强，可遗憾的是真正成熟的参展商却不是很多，那么如何有效参加商展来展示企业优势、推广产品、维护客户获取订单？最近十几年中我一直在为各类贸易公司、制造企业的一线销售人员和大专院校老师进行各类外销管理实战课程培训。每次培训后总会收到不少学员的提问和来电，有的学员多次与我交流了他们参展的困惑。

选择商展应该关注什么？如何避免带去的展品与市场和客户不吻合？

在参展之前应该做好哪些准备工作？如何准备展品、销售资料和工具？

如何组建参展团队？挑选哪些人担任展位工作人员？怎样培训参展团队更有章法？如何使新手快速成长？

不少出口企业参展中普遍存在如下问题：

布展雷同，无法突现企业优势吸引买家。

展前、展中不知如何有效推广。展中无法评估专业买家，缺乏沟通技巧，经常是展中与客户得很热闹，展后客户跟进反应冷淡，展后缺乏跟进章法。

针对这些企业和销售人员在各类商展中所面临的困惑、挑战，本书为您细致梳理 了从展前的准备、展中的展示和谈判到展后的销售线索追踪管理，内容涵盖了11个章节并运用实际的案例讲解，图文并茂，通俗易懂，为您学习如何有效参加B2B商展提供一揽子参展解决方案及全方位的实战辅导，必将使你的参展技能得以大幅提升。

能否在展会上取得成功，很大程度上取决于参展人员的表现和展会管理。本书注重销售理念和方法、实战技巧分享，尤其提供了实战工具——外贸参展管理工具包，旨在帮助你在参加商展的各个环节中进行有效管理，增加你的投资回报率，实现你的企业市场销售目标。

在本书的编辑和再版过程中得到了中国海关出版社马超编辑的大力支持，在此表示感谢。

钟景松

2015年5月上海

前言

为什么有的企业参展，却总是不能吸引住客户，或者即使有客户感兴趣，却总拿不到订单？这就涉及参展能力和技巧的问题。

本人最近3年在广东珠江三角洲、浙江、江苏、福建、山东等地的50多个城市，为5 000多家企业代表做了200多场出口营销管理课程培训，在每次的培训中或培训后总会收到不少学员的提问、邮件和来电，询问有关参展的一些问题，其中有不少学员多次与我交流他们实践中遇到的难题。同时，我本人也从国内外的商展中耳闻目睹了我们参展企业所面临的挑战。

这里我汇集了一线外销员、经理向我提出的商展问题，可以让大家了解今天困扰我们参展企业和个人的具有普遍性的问题，同时也可以比较你或你的团队是否也有类似的疑惑。

1. 为什么在众多的参展者中，有些公司能达成目标，有些却不能？通过参展可以实现什么目标？如何设定明确的参展目标和计划？我们把收集一定数量的名片、见见老客户作为基本的参展目的，为什么展后还是无法评估和跟进管理？

2. 究竟应该参加什么类型的展会？哪些展会适合我公司参加？参加这些展会能给企业带来多大价值？如何参展？哪些产品应该拿去参展？选择商展应该关注什么？如何避免带去的展品与市场和客户不吻合？

3. 在参展之前应该做好哪些准备工作？如何准备展品、销售资料和工具？需要准备哪些推广资料？资料设计如何突出企业和产品的卖点？

4. 展前、展中如何推广？怎样邀请潜在客户来展位参观？如何利用展会来有效传递、推广企业信息？

5. 应该如何组建参展团队？挑选哪些人担任展位工作人员？为什么需要展前培训？怎样有效地培训参展团队？培训哪些内容？如何展开培训？如何使新手快速成长？

6. 什么样的展位设计才算理想？什么样的展台设计最有吸引力？如何避免布展、样品类同？如何应对展品过多无法凸显优势的问题？如何与对手同台竞争？贸易公司如何布展才可以吸引买家？如何避免仿制样品？

7. 当我在展位前招呼客户时，他们却一个一个走过，哪些开场白能使客户停下脚步呢？如何在展位上有效地与来访者洽谈？参展时，其实有太多不合适的客户来到我们的展位，浪费了我们太多时间，如何筛选客户？现场如何评估真假买家？如何抓住有意向的客户？买家在想些什么？他们关注什么？当很多客户同时进入展位时应该如何应对？如何与不相干的客户说拜拜？展中如何主动积极地吸引买家进入我们展位，避免"守株待兔"？如何获取和管理展中线索？展中报价时，如何避免鹬蚌相争，渔翁得利？如何专业地展示产品及服务，并引起客户购买产品的兴趣？

8. 短短3天左右的展会，展中该如何管理？是否要设立一位展台经理或主管？他/她应关注些什么？主要职责有哪些？

9. 展后收集到一大堆名片，如何管理和追踪？客户拿了我们公司的目录或报价后，就不再和我们联系了怎么办？我们展后跟进销售线索客户却石沉大海、杳无音信时怎么办？展会结束后该如何继续追踪潜在客户？邮件回复和跟进应注意哪些方面？

10. 如何对参展效果进行评估？应该评估哪些方面？如何完成展后的总结报告？

只要你是一位经历过贸易商展的外销人员，当你读到这里时我相信你一定会有同感，因为他们问出了你想问的问题。

针对这些中小企业在各类商展中所面临的困惑、挑战，本书细致梳理了从展前的准备、展中的展示和沟通到展后的销售线索追踪管理等各个方面的知识与技巧，并运用实际的案例，图文并茂，通俗易懂，为你学习如何有效参加 B2B 商展提供一揽子参展解决方案及全方位的实战指导，必将使你的参展技能获得大幅提升。

另外，本书还提供了一些实用的方法、技巧、工具和建议，旨在帮助你在贸易商展的各个环节中获益，增加你的投资回报率，实现你的企业市场销售目标。

在本书的编写过程中，我采访了全国许多企业优秀的外销员和外销经理，他们无私地分享了许多实战的方法和技能，使我能在这里与更多的人分享，在此特向他们表示衷心的感谢。

本书在编辑和出版过程中得到了中国海关出版社饶淑荣编辑的大力支持，在此也一并表示感谢。

由于参展行业的多样性，书中难免会出现一些纰漏，恳请业界同行和广大读者多多包涵，如有任何批评和建议，请不吝赐教，本书将根据读者的需求不断更新完善。

钟景松

2008 年 8 月

目　录

附　录

外贸参展流程管理工具包

第一章
制定参展目标与计划

第一节　我们为什么要参展

会展带动经济发展

伴随着全球会展经济的扩张，许多国际会展业巨头竞争中国市场，国际会展业正在出现重心转移之势。中国市场的扩大以及中国成为世界新的制造业中心的潜在发展前景，使得来自国外的专业展市场需求空间扩大。中国会展业搭上中国经济快速发展的快车，一路增长走来，已经确定了在世界上会展大国的地位，如今国家大力提倡知识创意文化产业的发展。而会展业便属于较大的一个创意文化产业，这是国际公认的环保无污染创意产业，国家也出台了相关政策和文件，为今后中国展会经济的进一步规范指明了方向，也为中国展会经济走向世界和与世界接轨提供了政策保障。

从全球范围来看，会展业已经有一百多年的历史，是带动经济发展的成熟行业。但在中国还属于一个刚刚起步的朝阳产业，正在迅速发展、渐入佳境。虽然会展属于服务业，但其涉及范围却非常广泛，从上游到下游，从酒店餐饮到旅游、广告、设计、装潢、市场调研等都有所涉及，能够带动服务、交通、旅游、餐饮等相关产业的发展。随着我国经济发展、信息沟通和经济交流规模的扩大，会展业也会随之发展。

有效的营销手段

会展功能多样，集商品展示、交易、信息咨询、投资融资、商务服务等功能于一体，在经济合作、技术交流、信息沟通等诸多方面所起到的作用日益显著。

贸易商展又是一种特殊的经济交换形式。除了具有立体广告作用外，也是低成本接触客户最有效的营销手段。西蒙思市场研究公司的一项有关营销方法效果评估的调查表明，贸易会展优于专业杂志、直接邮寄、销售员直销、电话营销、公关、报纸等手段，位居首位，使用率为91%。

据研究显示，展会上参展商和客户进行面对面的交流，比直接销售节约56%的费用。展会加速了整个销售过程，使回访率降低了40%。

对买卖双方的利益

贸易商展是外销企业开辟国际市场的主要方式，因为它在同一时间、同一地点把行业中最重要的生产厂商和国际买家集中到一起，这种机会在其他场合是难以找到的。短短3～5天的展会会让你待在家中半年、一年都无法收集到的信息全部展现在你的眼前。

通过参加展会，买卖双方可以迅速全面地了解各自市场行情。参展商可以借助贸易商展这个渠道，向国内外客户推销新产品、推出新品牌、维护老客户，同时通过与世界各地买家的接触，了解谁是真正的客户、行业的发展趋势，最终达到推销产品、占领市场的目的。

贸易商展有别于其他营销方式，它能充分利用人的五种感官进行营销。买家可以通过展会对展品进行视觉、触觉、听觉、嗅觉和味觉的全面、深刻感悟，也可以通过展会全方位了解供应商，以便做出合理的采购决定。

贸易商展为买卖双方交流提供了一个积极、平等、竞争和自由的沟通平台。

1. 买家参展的两大主要目的

贸易商展把许多不同的供应商集中到一个地方，使买家的采购流程更加方便和快捷。买家能在一个屋檐下与那么多的供应商面对面交流，节省了大量的时间、精力和交通费用。

展会让买家有机会拜访上次展会与本次展会之间无法见面的老客户与现有合作的供应商，和其完善合作项目，面对面了解供应商的最新变化。

展会能够帮助买家找到更多的新供应商，其中有些供应商来自那些买家不太可能去的地方。

展会为买家寻找新供应商和新产品提供了渠道，帮助买家整体了解行业主要供应商的数量、能力、价格、竞争状况和新产品研发趋势，评估、比较供应商产品和服务信息。

2. 参展企业的利益

随着我国会展业的迅速崛起，越来越多的外贸企业把参加贸易商展看作是企业开拓国际市场的重要活动。借助商展平台宣传与推介新产品、找到吻合的买家和市场、提升企业知名度，成为外贸企业的主要营销手段之一。

那么贸易商展究竟能给我们外贸企业带来哪些利益？应该关注哪些方面？

笔者总结了如下几点供我们参展企业参考：

□ 维护、增进与现有客户的良好合作关系。

用参展企业的话说就是："我们参展的目的主要是见见老客户，让他们知道我还在干这行！"

□ 推广新产品、新服务。

展会是一种立体的广告，使新产品获得最大限度的曝光。找到吻合的市场和买家，打开新市场并与新客户建立联系。

□ 销售与成交。

展览的时间虽然短，但便于客户直接与厂商交流，大多数参展商都希望在展会上达成一些协议或意向，获得订单或签订销售意向。他们认为这是在展会上的最大收获。

□ 了解竞争对手，调查市场竞争情况。

了解本行业内的竞争状况及发展趋势，与竞争对手同台竞争。

□ 收集目标国际市场信息。

在与买家的交流中了解市场的需要、潜力、技术要求、发展趋势和对我们展品的反馈。统计关联数据，增加对市场的了解。尤其是专业的展览，参展商很容易了解到其他企业的发展、产品状况，甚至是科技秘密。在展中的这些了解比日常的市场调研要更直观和准确。

□ 维护或树立企业的形象，提升公司在本行业内的声誉。

对公司形象进行宣传，提高产品知名度。对于新企业来说，参展可以帮助企业在短时间内建立客户关系，进入市场，被同行业所接受。而对老企业来说，经常固定参加一些有影响力、有规模的专业展，便于定时与客户交流与联络。

□ 寻找更为优质、价格更低的上下游供应商。

□ 激发外销团队的积极性，培训和锻炼销售人员。

第二节　贸易商展的发展趋势

国际贸易商展为我们提供了面对面的营销平台。在了解、掌握商展发展趋势的同时，为我们企业营销指明方向。很多公司花费很大的精力、财力从参展策略、有效布展、引人注目、人员培训、市场推广等方面入手以确保他们有效地参展，获取展中更多的销售线索。但是他们忽略了对市场趋势和买家采购行为进行了解。市场和销售的模式在不断地变化，今天的营销与销售和五年前有很大的区别，必须引起注意。

商展的趋势将影响你的参展策略，作为今天的供应商要时刻关注行业的变化趋势，按照这些变化和市场的接受度来制定我们的参展目标、策略和计划。我国会展行业将会向全球化，互联网信息化，品牌化，多元化，专业化小规模、高频率趋势，社会型、体验式发展，环保无污染创意产业和展会服务营销的趋势发展。

为此，笔者对近年国际商展的发展趋势和展中买卖习惯的变化进行了总结，与各位参展商分享。

商展发展特点

□ 更多的商展将举办

全球经济一体化为会展业提供了无限的商机，更多的商展将举办。从全球会展发展来看，尤其以中国、印度为代表的亚洲地区发展最快。

□ 更多的竞争

展会的趋向为时间更短、规模更小、次数更多，展会门类更细化、更专业。

传统大型展会的主办方面临挑战，开始放下架子调整策略，主办中小型专业展。专业的会展管理机构开始向行业、大型企业或机构提供个性化专业服务。

□ 更多的资源共享

随着科技的发展和各行业的变化，要在这变化的市场中取胜，专业人才和资源不可或缺。越来越多的参展企业开始运用外部专家来协助企业有效参展，在展台设计、布展、展台人员培训、广告制作、专业目录、展前营销、展中管理、展后跟进等参展项目中管理。

□ 更多的参展选择

不少参展商开始缩小大型展展位的面积，将预算用于参加更多的地方性专业商展。利用代理机构、行业协会等服务机构参与更多全球范围的商展。

□ 更强化市场营销

随着通信科技的发展，更多的参展企业开始利用电子邮件、手写邀请函、电话营销、DM、研讨会、ICQ、博客、iPods等进行展前和展中的营销。

□ 注册技术革新

全新的专业观众买家注册技术革新——条形码、磁条卡加快了注册进展，为观众节省了时间和精力，先进的观众/买家背景信息和客流跟踪分析信息为参展商展中管理和展后跟进提供了有效的分析数据。

采购和销售行为趋势

□ 关注具体展品

由于展会的时间限制，买家不得不在展会中待更长的时间以获得更详细的信息。但事实上在展中买家浏览一般供应商展品的时间并不多，而是花更多的时间去评估目标供应商和产品。如果参展商在展中能举办多种会议将使买家收益良多。为了做出采购决定他们会有效地利用时间来比较产品。

□ 采购团队

今天，越来越多的采购公司在展中采用团队采购，这种方式取代了个人采购。团队采购是由来自一家公司不同部门的决策者组成，他们分别组队拜访你公司的展位，更关注中长期的策略性问题，评估你的产品、服务、运作等与他们的利益息息相关的环节，并与其他展品比较。然后团队汇总、评估、追踪相关信息，最后代表公司做出采购决定。

□ 顾问形式销售

顾问形式销售又是如今展中销售的一种发展趋势。与硬性推销产品相比，展台人员发现这种利用产品特点与客户利益结合，运用事实、数据、成功案例为客户提供解决方案的顾问式销售更有效。调查也显示与硬性推销相比，买家更喜欢这种方式。

□ 注重维护与老客户的关系

展会是否成功的评估标准不仅仅看获得了多少新销售线索和取得了多少销售业绩，更应评估与合作客户的关系维护得如何。展前推广、客户管理能增加展位的客流量，与老客户会面更能增加你的直接销售量。

□ 注重整体营销

今天越来越多的参展商开始在会展中注重公司的整体形象，市场调研、问卷调查、研讨会、与买家的信息交流等非销售类目标也越来越受到重视。

第三节 如何制定参展目标

明确商展的定位

面对众多的商展，优势企业应如何设定自身的参展目标呢？

首先，参展商要清楚地知道这是个什么样的展会，它的性质和定位如何？是注重 B2B 品牌营销还是 B2B 销售导向？你为什么要去参展？是需要寻找适销市场和新客户还是想要介绍新产品或提供新的服务项目？是想选择代理商或批发商还是想选择合作伙伴？预先确定参展产品，重点突出哪些产品，要知道买家关心的是最新的或优质的产品，避免展出过时的产品。

同时必须考虑如何吸引买家、应付场内同行竞争、应付同类产品竞争、应对客户杀价等，充分做好展前的各项准备工作。

要在贸易商展这个高度竞争的环境中取胜，以适当的信息，在适当的时机，用适当的方式接触到适当的买家已势在必行。为了使参展投入获得最大的回报，参展商必须比竞争对手更有效地展开行动，制定明确的参展目标及目的是至关重要的。

制定企业明确的参展目标

根据市场营销理论将参展目标归纳为以下五类：销售成交目标、维护客户关系目标、提升公司形象目标、市场调研目标和推广产品、服务目标。企业参展可能会同时有几种目标，但在参展之前务必确定主要目标，以便有针对性地制订具体方案，区分工作的轻重缓急。

1. 销售成交目标

销售成交目标是参展的主要目标之一。联络老客户、扩大销售网络、寻找新代理、开发新市场，大部分参展商一般重视销售类目标，他们认为不论为展出制定何种目标，展出的最终目标都应当是成交，即签订贸易、技术、投资、经营等合同或协议。各参展商可以根据自身的实际情况加以选择。

2. 维护客户关系

维护客户关系是保持销售业绩的先决条件。了解客户需要、确定交流目标、维护老客户、挖掘现有的潜力客户、建立新客户是当今参展的主要目的之一。

3. 提升公司形象

树立、维护参展企业形象，任何时候都是参展企业的目标之一。对于新的参展企业，目标是树立形象；对于老的参展企业，目标是维护或提高形象。新进入一个市场，参展企业可考虑把树立、维护形象作为最主要的展出目标。

4. 市场调研目标

收集市场信息、了解并熟悉市场是进入市场、占领市场的必要和先决条件，参展企业应当将市场调研始终作为展出目标之一。

了解新市场、向新市场介绍本公司和产品、寻找贸易机会。

了解市场竞争状况、检验自身的竞争力、了解公司所处行业的状况和发展趋势、寻找合作机会、交流经验。

5. 推广产品、服务目标

推出新产品、介绍新发明、扩大产品系列、了解新产品推销的成果、了解市场对产品系列的接受程度、探测市场反应。

利用商展试探市场对产品或服务的反应，既节省时间又节省费用。

制定参展目标常见的问题

我们参展企业在设定参展目标时往往容易犯下列错误，导致展后无法有效跟进和管理。

1. 参展目标含糊不清

设定目标过于抽象，如本次参展主要目的是见老客户、推广新产品、争取收获 200 张销售线索名片，等等，这些无法具体操作。

参展目标应当具体化并具有可操作性，如要见哪些老客户、发多少邀请函、确认多少会来到现场、具体分配谁接待谁，主要推广哪些新产品、如何展示、怎样测试新产品、如何获得目标市场客户反馈等。

收集 200 张销售线索名片，客户来自哪个地区、国家，是分销商、零售商、OEM 商还是贸易公司，客户的知识、经验和职位如何，等等。

含糊不清的目标是无效的目标。

2. 目标过高或过低

设定参展目标的作用是提升参展的投资回报率，保证高效展出。但是如果参展目标定得过高，参展期间内无法完成相应工作量，有关人员不论如何努力也达不到，那么目标就不是一种工作标准，而仅仅是一种方向，可望不可即。参展人员会失去达成目标的信心。

参展期间内轻易完成该工作量，表明目标过小、过低。目标设定要有挑战性，能激励人，对相关人员有利益。

3. 目标没有主次大小之分

在参展的目标管理中任何大目标都是一串小目标的结果。小目标是大目标的前提和条件，大目标是小目标的结果，小目标之和一定是大目标。

因此，在设定参展目标时一定要让每个参展人员明确团队参展的大目标及各自的小目标，按主次关系、轻重缓急分配、安排参展人员工作。如果主次颠倒，不能按时完成工作，就会影响整体参展目标。

4. 目标随意更换

不少参展企业在展中经常随意更换目标，不仅使参展人员无法掌握工作重点，而且造成费用和资源的极大浪费。

西方谚语云：目标是刻在石头上的，计划是写在沙滩上的。这说明目标一旦确定不要轻易更改，但实现目标的计划、路径可以随时调整和更改。经常修改目标的人不知道自己到底要什么。

设定团队和个人 SMART 目标

那么如何设定参展团队和个人有效的参展目标呢？当参展商被问到

企业的参展目标时，通常听到的典型错误回答有以下几种：

□ 不清楚，我们都是打工的，老板让我们来的。

□ 我们每年都参加这个展览会，这是全行业最大的展览会。

□ 我们的竞争对手也来了。

□ 树立、维护公司形象。

□ 开发市场和寻找新客户。

□ 介绍新产品或服务。

□ 物色代理商、批发商或合资伙伴。

□ 研究目标市场、了解市场趋势和竞争信息。

□ 与老客户见面、会见以前只是利用 E－mail 联系的客户、签订销售意向合同等。

实际上，这些都不是参展目标，最多算是一种期望和想法。

1. 什么是目标

目标应该是期望的具体化，是一个期望的结果，为实现或完成工作确定一个总体方向，同时也是对工作任务的一个概述。

有效目标的 SMART 条件必须具备以下几个特点：

□ 具体的（Specific）（数量/物体/形式）

□ 可评估的（Measurable）

□ 可实现的（Achievable）

□ 有结果的（Resultful）

□ 有时间限制的（Time－based）

如：参加 2009 年秋季广交会推广公司 ABC 三大系列产品；参加 2009 法兰克福展，邀请 50 位老客户洽谈，接待 100 位潜在客户；参加 2009 年芝加哥五金展，开拓 5 家分销客户，至年底实现 50 万美元销售目标。

目标的内容应更具体化，可以具体衡量，包括完成任务的期限和具体负责的人或部门。

2. 设定参展团队目标

在确定我们的展会目标前，首先要定义谁是我们的客户，我们的目标市场在哪里，我们客户的业务类型是什么，他们的年销售额是多少，客户的采购习惯、模式是怎样的，我们的客户应该具备什么经验、行业知识，他们会对什么感兴趣，他们的职位是什么，是采购决策者、技术人员还是终端用户，是决策团队还是采购代理，

服务老客户时要注意，要见哪些具体老客户，他们分别来自哪里，通过邀请函确认有多少会来到现场，具体分配了谁接待谁，主要提供哪些个性化服务，介绍哪些新产品，销售续单目标如何。

如设定具体的参展团队目标：

□ 主要市场：欧洲

□ 业务类型：分销商/进口商

□ 年营业额：800 万～1 200 万美元

□ 经验：3 年以上的渠道分销经验，经销、代理过类似产品

□ 知识：熟悉物流、包装及产品的鉴别参数等

□ 兴趣点/关注点：新产品的研发能力、CE 认证、准时交货能力、产品规格细分等

□ 参展团队的目标：展会期间接待 500 位潜在客户，2%的成交率，10 位新客户在展后 3～6 个月内下订单，会见 30 位老客户

3. 设定展台销售人员目标

设定展台销售人员目标应列出行动结果，而非目标结果。行动结果是每个销售人员自己可以保证的，能掌握主动权的结果。如：

□ 向 100 位目标客户展示公司产品和服务

□ 问卷采访 30 位目标客户

□ 按公司要求收集 10 位竞争对手信息，展后完成汇总报告

目标结果在一定程度上是由外界决定的，本人短期内较难控制。如：

□ 签 3 个订单

□ 实现 5 万美元的销售目标

设定有效的个人目标要尽量减少成员间的相互依赖，避免出现由于张三没有完成任务导致李四无法完成他的任务。

实施行动计划的人都应该知道要做什么/ 如何做，自发地采取行动，

具备采取行动所需要的所有资源。

有没有目标参展团队的行为模式完全不一样。明确目标后可以将团队的焦点放在期望的目标上，有了目标团队就有了动力，可以为目标全力以赴地奋斗。

制定参展策略

目标一旦确定，我们就必须考虑如何实现这个目标，采用什么样的策略和方法。所谓策略是解决问题的一种方法，较抽象，具有概括性和概念性。如对企业竞争而言，策略是脑海中思考着要怎么做，采用何种方法，如进攻/防守、竞争策略、维护老客户策略、新产品推广和了解市场策略、分销策略、直销策略、扩大市场策略、媒体推广策略，等等。

方法是实施某种策略的一个具体步骤，更确切地说，是为达到某种策略目的而采取的行动。根据目标首先议定策略，然后用战术方法展开行动。

策略和方法必须配合运用。如：

□ 区域策略、方法：先开发美洲市场，后开发欧洲市场

□ 推广策略、方法：广告推广/人员推广

□ 直销/分销策略、方法：找分销、找代理

□ 员工培训策略、方法：内部培训、外部培训

□ 健身策略、方法：游泳、登山

第四节　如何制订参展计划

参展计划内容

当你把目标分成几个步骤时，目标就成为计划。只有在你行动的时候，计划才会变成现实。

展览会是一项极具挑战的系统工程，受制因素很多。从前期的市场调研、制订计划、展位选择、展品征集、展前推广、客户邀请、展位布置到展中管理、展后销售线索追踪，形成了一个互相影响、互相制约的有机整体。任何一个环节的失误，都会直接影响展会的投资回报率。

如果对展览会的这些特性了解不够，参展商即使花费了大量的人力、物力，也未必能取得预期的效果。

参展计划方案的内容应包括：

□ 展出目标：确定参展的目的或预期达到的目标。

□ 展出重点：确定参展所要宣传或展览的重点项目，突出展台形象，使其在整个展馆中有吸引力。预先确定重点突出哪种产品，或重点测试哪种产品，使它醒目，以达到促销和测试的目的。

□ 时限要求：按展会的时间确定各项工作的起止时间。

□ 人员安排：指定参展项目的管理人员及各自的分工职责。

□ 筹备工作：

■ 预订展位，如果企业决定要参展，应当及早预订展位，特别是一些较大的展览会，展商很多，参展报名时间会相应的提早截止，因为主办方需要足够的时间去做布展等准备工作，所以企业应当提早报名，不要错失良机。

■ 主题、标志、色彩、文字照片、图片、展品、布局、公司简介和小礼品准备。

■ 准备详细产品目录、图片、规格、技术指标、质量认证等具体信息、样品。

■ 准备展会费、展前推广、目录、展品、人员、差旅、酒店。

■ 向已有客户发出邀请，告诉他们你的摊位号，欢迎他们前来洽谈。

■ 确定在展会期间开展的各种活动，是否举行现场促销活动及必要的主持人、产品介绍等。

■ 制定销售规则，如最低采购量 MOQ、价格浮动和幅度、付款条件、价格表、订单表、咨询登记表等。

■ 对指定的展位设计和施工公司提出要求。

■ 物流运输工作。

■ 资金计划：安排全年度用于展会推广预算的核对清单、编制预算表。

制定参展预算

参展预算的主要关注事项是控制成本、提升投资回报率，特别是对中小企业而言。参展预算费用包括：

□ 基本费用：展位费、能源供应、参展证件、电话、传真、互联网、停车许可证等。

□ 展台设计、搭建费用：创意建议书、规划、刻字、展具、图片、幻灯片、标志、装修和装饰、声像支持的展示等。

□ 展台设备的费用：家具、地毯、灯光、视听设备、投影仪等必要的设备租赁费。

□ 展台服务费用：参观者招待、口译、辅助员工等。

□ 推广材料费用：邀请函、赠送品、广告资料、产品目录、广告费、邮费、新闻夹、翻译、广告宣传费、资料印刷费、礼品制作费等。

□ 运输、物流和垃圾处理费用：储藏、保险、过境税、垃圾处理等。

□ 参展人员差旅费：机票、火车票、长途车费、市内交通费、食宿费和款待费。

□ 其他费用：咨询、展会市场调查、跟进、培训、会议室租赁费等。

参照附录3“参展预算表”制定你的参展预算。

有效的行动计划要素

目标是你瞄准的中心，计划是你实际执行的东西。没有自己的计划，你就会变成别人计划的一部分。

有效的行动计划要素由如下部分组成。

□ Why （为什么——理由）

☐ What （将做什么）

☐ Who （谁）

☐ When（至何时为止）

☐ Where（向谁汇报结果，何时何地用何种方式进行汇报）

☐ How （怎么样做，发生意外时，有什么应急措施）

如何监控展会项目进展

行动计划中应包括一个具体的会议时间表，以便对计划进行的情况、出现的问题进行修改和讨论，包括谁在何时、何地进行会面讨论。

汇报内容：

☐ 计划发生的行动/ 结果

☐ 汇报已产生的全部问题

☐ 总结修改过的行动计划

展会项目进展管理表

展会项目进展管理表

内容	截止日期	负责人	进展	备注
联系主办方取得初步资料	6月1日	张勇	★	
选定场馆和面积	6月15日	王珊	★	
确定预算计划	6月30日	王珊	→	
选择并确定准备参展的产品	7月25日	张勇	⊙	
完成海报版面的设计制作	8月30日	张勇	▲	
确定参展人员的名单	9月1日	李立	★	
训练参展员工	9月1日	李立	→	
制定展后追踪的时间表	9月2日	王珊	→	
评估参展预算及项目的时间表	9月2日	王珊	→	
确定参展人员的工作职责	10月2日	李立	⊙	

续表

内容	截止日期	负责人	进展	备注
确定参展货物到达的情况	10月8日	林兵	X	
访问当地顾客	10月12日	林兵	★	
布置展位	10月13日	李立	★	

请参照附录5“展会项目进展管理表”进行展会项目管理，项目内容可参照参展计划方案的内容和下列参展规划设定，设定截止日期、具体负责人员。进展和备注栏用于每次与负责人员开会讨论项目进展时使用：

★表示完成任务　　→表示项目进行中　　▲表示项目有问题

⊙表示项目重新分配　X 表示项目取消

在进行中的项目请在备注中注明进展和原因，以便下次会议跟进。

参展规划

1. 6～9个月前

□ 确定公司参展目标（参照第一章“制定参展目标与计划”）。

□ 选定全年的参展计划（参照第二章“如何选择贸易商展”）。

□ 与展会主办方或代理公司进行联系，取得初步资料。

□ 报展并签订合同，付款或预付订金，选择场馆和展位面积。

□ 确定展馆和展位面积，获得《参展商手册》及相关参展资料。

□ 确定预算计划。

□ 确定展台人员配置。

□ 设计展位结构，联系、评估展位设计供应商。

□ 选择制作关键参展资料/材料的供应商。

□ 与所有供应商确定项目进程及交货日期。

□ 选择并准备参展产品。

□ 向服务承包商及展会组织单位订购促销广告。

☐ 制作展览宣传册。

☐ 复查公司的参展目录、海报、新闻稿等。

☐ 完善参展规划。

2. 3 个月前

☐ 准备广告或以直邮等形式进行活动推广：个人邀请函、广告（贸易出版物、当地媒体）、直邮广告、电话推广、公关。

☐ 准备展位赠品、纪念品。

☐ 印制额外的传单、目录和价目表。

☐ 制订其他公关活动的计划。

☐ 与潜在客户及目前顾客联络。

☐ 继续追踪产品推广活动。

☐ 最后确定代表本公司特色的参展样品。

☐ 最后确定展位的结构设计（需注意搭建应取得展览管理公司的设计批准）。

☐ 确定制服标准。

☐ 计划访客管理流程。

☐ 确定参展人员名单。

☐ 指定展位经理或主管。

☐ 确定展台人员的训练计划。

☐ 联系主办方安排展会现场、研讨会、促销活动。

3. 1 个月前

☐ 制定所有与参展相关的工作时间表。

☐ 排定展览期间约见老客户的时间表。

☐ 评估参展预算及项目时间表。

☐ 预审展位设计及布置方案。

☐ 完成参展员工的出差安排。

☐ 确认参展样本和促销产品的数量。

☐ 评估展前推广工作的效果。

☐ 对参展人员进行实战训练。

□ 制定展后销售线索追踪时间表。

4. 半个月前

□ 与现场参展人员最后确定工作职责。

□ 检查参展人员的资料和工具，确保有足够的名片、证件。

□ 参展人员的角色扮演测验。

□ 参展产品和资料打包寄送。

□ 确认参展货物的到达情况。

5. 现场

□ 与展览组织代表联络，告知联系方法。

□ 视察展览厅及场地。

□ 确定所有运送物品已抵达。

□ 联络所有现场服务承包商，确定准备就绪。

□ 布置展位。

□ 访问当地顾客。

6. 一天前

□ 将所有活动节目做最后的演练。

□ 对摊位架构、设备及用品做最后的检查。

□ 确定每天的总结会时间。

□ 确定是否会向登记的参观者寄出感谢信。

□ 怎样监管展会上的销售。

□ 参展工作人员会得到怎样的奖励。

□ 怎样评估该次展览。

□ 参展人员会议。

7. 参展的最后一天。

□ 确认有专人负责监督展位的安装和拆卸。

□ 清楚展会的出入程序。

□ 参展人员的展中总结会议。

8. 展后 1～2 周的跟进工作

□ 完成展会评估总结报告。

□ 设定销售线索跟进经理。

□ 销售线索分类评估，可按 A、B、C 三级分类。

□ 重新评估展中的销售线索。

□ 根据销售线索向 A 级客户发出个性化的邮件和电话。

□ 分配 B、C 级潜在客户跟进任务，所有销售线索须在最多 2 周内回应。

□ 建立潜在客户跟进系统，确保最有价值的潜在客户在展后不断跟进。

□ 聘请专业的邮寄机构或电话营销代理机构（如果公司内没有足够的资源）。

第五节　国外展览公司的服务介绍

对于成功的展览会而言，决不是简单地用出租了多少展馆面积来衡量，更多的是要考虑其对参展商和观众的专业服务是否到位。

一般欧美展览企业对参展商的服务由以下四个方面构成：

一、参展计划引导

二、展位搭建服务

三、展示技术支持

四、展中市场营销

参展计划引导

为潜在客户提供相关信息，用以表明一旦参展即可获得哪些收益，帮助客户做出参展决定。通常展览公司向潜在的参展商提供以下信息：

□ 展览会回顾——客观提供往届展览会的分析和数据，包括规模、数量等。

□ 展览会市场调查结果——往届展览会调查问询表统计结果，包括专业观众数量、行业细分、观众质量、性质、采购能力等。

□ 参展商手册及参展工作流程——方便参展商计划安排。

□ 行业信息，尤其是行业发展趋势——这对于参展商选择符合市场发展需求的展品，并取得良好参展结果至关重要。

展位搭建服务

它主要包括下列服务：

□ 设计展位，搭建展位，出租道具、展示架、家具。

□ 其他展位服务，包括餐饮、装潢、保安、人力资源、清洁、翻译、租赁办公设备等。

展示技术支持

现代的展位结构以及技术含量较高的展品的展示都对展出环境提出了更高的要求。因此展会举办者的一项主要任务便是做好展览场地的前期准备工作，确保自己出租的场地处于“匹配”的状态。同时为参展商提供技术支持性服务，以满足展品展出的技术要求。这些服务包括：

□ 接电服务

□ 接水服务

□ 灯光照明服务

□ 压缩气体服务

□ 通信技术服务（互联网络、视听技术、ISDN、宽带技术、卫星通信等）

展中市场营销

市场营销方面的服务作为无形的服务，同样是参展商不可或缺的。选用这些服务，可以取得更好的参展效果。这个方面的服务包括：

□ 为参展商提供该行业内重要客户的信息，具体到地址，以支持参展商以直接邮寄的方式邀请客户。

□ 配合参展商共同开展针对展览观众的广告宣传。

□ 提供免费的广告平台。

□ 提供互联网上的展示平台和链接服务。

□ 提供展览会小册子的刊录。

□ 提供展览场馆内、外广告。

□ 协助参展商开展展品促销活动。

□ 为参展商筹备展出期间的专业研讨会。

报名参展流程介绍

在确定了参展目的后，选择落实专业的 B2B 商展是关键。

报名参展程序：

1. 联系主办方

选择某个展览后，与主办单位或代理商取得联系，对方会传真或邮寄给你报展文件。包括展览会介绍资料、参展申请表格、参展费用明细表、展馆展位图和相关服务。

2. 选择有效展位

填好参展表格，交给主办者，从主办方提供的展馆展位图中选择展览位置，并与主办方确认该展位。一般主办方会要求参展商将全部或者部分展位费作为定金汇至主办方账户，展位才能得到最后的确定。

3. 签订合同

确认参展意向后，主办方会与你签订参展合同或传真合同，双方签字后生效，并告知汇款银行账号和汇款期限。为了确保你的展位早日得到确认，建议参展商在汇出款后立即将汇款水单传真给主办方，证明定金或款项已付。

4. 寄送参展资料

主办方确认收到你的参展费用后，会给你寄出参展资料，包括展位确认函、展位面积、位置图、合同、发票、参展商手册等相关参展信息。

建议参展商详细阅读《参展商手册》，其中包括了十分详尽的服务及征订表和相关指南。

参展商手册

《参展商手册》被很多参展企业所忽略，请在参展前详细阅读。你可以查阅《参展商手册》中的相关章节，了解各项工作的截止日期、规章制度和展品运输方面的详细信息。有效地运用《参展商手册》能为你节省不少开支。每个展会都有一本相当完整的《参展商手册》，有的以不同的颜色加以区别。按服务种类区分为展位搭建服务、运输物流服务、技术支持服务和市场营销服务四大类。

□ 展位搭建服务

包括单独摊位、标准摊位、自搭摊位、道具租赁、灯光、视听设备、展架、装饰植物和鲜花、电话、打印机、互联网租赁等。

□ 运输物流服务

包括展品运送、餐饮、清洁、停车、废品销毁、公共交通等；展馆的保安工作将由展会主办方负责；交易会指定搭建商统一负责展位的安装与拆卸。

□ 技术支持服务

包括水、电、压缩空气、冰箱制冷、悬挂、通信等。

□ 市场营销服务

包括举办研讨会、举办各类仪式、室内外广告、特别广告、促销、摄影、组织等。

了解商展的展览章程

参展商在展前了解国际商展的展览章程和展品监管办法，是计划和取得理想参展效果的重要前提。一个展会的章程对展览各方面的事宜均有明确规定，一般商展章程包括以下内容：

□ 名称

- □ 目的
- □ 主办单位
- □ 支持单位
- □ 赞助商
- □ 会期（天）
- □ 会场及地点
- □ 展出者及展品
- □ 展览场地的种类及其基本设施
- □ 展览场地的租赁费
- □ 展览小间的申请和合同的取消与失效
- □ 小间的分配
- □ 展品搬入与撤出时间
- □ 展示
- □ 实演
- □ 试销/促销
- □ 展品的安全保护
- □ 展览场所的原状恢复
- □ 供电、电话、供水与排水
- □ 入场
- □ 各种经费的负担及结算
- □ 展览宣传
- □ 展出者名录
- □ 事故防止与事故责任
- □ 照相与临摹
- □ 会期的变更与中止
- □ 规则的细则
- □ 规则程序的变更

第二章

如何选择贸易商展

第一节　选择商展面临的挑战

在信息化时代的今天，企业几乎每周都会收到各式各样不同类型展会的推广资料、电话、传真、电子邮件、DM及销售员的上门推销。面对这样的状况，我们的企业常常会面临两难选择：不理会它吧，怕失去与买家直接见面了解国际市场信息的机会，错失销售良机，眼睁睁地看着别的企业通过展会得到不少订单；直接联系签约参加展会吧，又怕上当受骗或担心展会不对口，找不到目标买家。

我们的企业常常抱怨参加的所谓专业商展，通过推广资料和销售员的推销了解到的展会规模、摊位数、来自目标市场的买家数量、专业的展馆和数量与现场情况相差甚远。三天中见不到国外的买家，还常有消费者“光顾”，要求零售，贸易展位和零售摊位鱼龙混杂。造成这一现象的原因是我们不少企业在选择商展中过分地注重价格，追求低展费，缺乏专业地选择商展的技巧，忽略了价格所包含的价值——展会宣传、搭建、信息、保安等各项展前、展中及展后服务，忽略了展会的性质，片面追求声势浩大的展会规模。

同样，随着对外开放趋势的日益扩大，国内各行业都热心于出国参展交流，特别是外向型的地区、企业，为扩大同海外的贸易，增加合作的机会，主动走出国门，参加海外的各类展会或独自在海外举办展览。这是一个可喜的现象。但是喜中有忧，不少参展企业在海外进行的展览，由于缺乏海外参展实务知识，往往历经坎坷、花费巨大，却收效甚微。究其原因，当然有展品、市场、包装、价格、广告、布展、展位设计和销售网络等多方面的问题。但是，海外参展不能达到预定的参展目标，大多数都是出于对展会的性质、展会的主题、展出者和观众的构成等因素的不了解。如事先的展会调查与市场调查不周全，会导致展会选择不当、展品配置不对口，或是运输中对展品造成重大损坏等。总之，这一切都归结于缺乏海外参展实务知识和经验。

那么，我们又该如何选择一个符合我们企业发展的贸易商展呢？

现在展会发展的趋势是专业性越来越强，地点越来越广，规模越来越小，次数越来越多。所以，我们出口商应首先了解世界上本行业国内外的知名展会有哪些。这些展会各有什么专业特点或行业导向，是否是专业的 B2B 贸易展，展会所在地域特点，举办的历史次数，主办方邀请参展观众的能力如何。同时也要结合企业自身的能力、状况、独特卖点、所在行业的地位、特征等进行综合考虑，选择适合的展会。

总之，准备参加贸易商展的企业，可以通过主办或承办单位的介绍、招展资料、以往的会刊以及相关报纸杂志上的宣传报道，对展览会进行了解，以便全面考虑后做出适当的选择。

以下 8 个方面是笔者对 6 000 多家出口企业在选择贸易商展中所面临挑战的总结，旨在帮助各位参展商在选择、评估商展时参考，以取得事半功倍的效果。

第二节　选择 B2B 商展的 8 要素

一、明确企业自身的定位
二、明确（B2B）商展性质
三、评估综合展、行业展和专业展的内容
四、评估商展规模，关注买家质量
五、关注同行及竞争对手的参与度
六、了解展览时间和地点
七、评估该商展的知名度及举办次数
八、评估主办方的专业化服务

明确企业自身的定位

从我国目前中小企业的实际情况来看，首先要科学合理地进行企业、产品和市场定位，只有这样才能与外国买家进行面对面的沟通与较量。

在选择商展时企业首先要结合企业自身的定位和状况来筛选，评估内容包括：

1. 企业定位

从事的行业和专业是工厂、贸易商还是工贸结合的企业，企业的赢利模式是什么？诸如此类问题，等等。

首先要考虑清楚这些问题，然后再明确定位。

2. 产品定位

目前的产品属于哪个档次，是中低档次产品、劳动密集型产品、环境污染产品还是科技附加值高的产品？

有无独特卖点，产品的质量、认证如何，OEM、ODM 能力如何？

3. 市场客户定位

是指确定我们的市场和客户标准。

□ 客户属于哪些类型：零售终端、批发商、进口商、代理商、OEM商、厂商等。

□ 客户应具备哪些能力：从业经验、行业知识、认证需求、专业的产品知识等。

□ 客户的地区及其特征：欧美、日韩、南美、中东、港台还是东南亚，以及相关市场客户的采购习惯。

□ 确定目标市场，区分销售模式：代理出口、产品档次、客户采购或分销渠道等。

□ 主要市场客户的特别要求：OEM能力、认证要求、研发、交货期、沟通等。

我们参展企业只有将这些定位明确了才能有的放矢，锁定关联的B2B商展。

同时还必须结合企业的状况和营销策略来确定商展，如：

□ 先开发哪些地区、客户，主推哪些产品，直接出口还是外贸代理？

□ 目前外销团队的人员有多少，他们的经验如何，对产品、行业的了解程度如何，外语水平和业务沟通能力如何？

□ 我们企业以前有没有参加过类似的商展，对展会的了解有多少？

□ 时间安排与其他项目是否有冲突？

如果你从来没参加过专业的商展，笔者建议：

首次还是去观展考察或与有经验的进出口公司、贸易公司联合参展。

现在很多国际专业展都办到中国来，应先参加国内举办的行业国际商展，积累经验后再去国外参展。

有关如何专业地观展、考察展会，请参照本章第三节中讲到的考察/观展技巧。

明确（B2B）商展性质

确定我们企业、市场和产品定位后，我们就可以对各类商展的性质进行筛选、评估，以便做出投资回报的选择。

目前商展分为国际展、国内展。有的展览范围很广，如综合展，而有的只限于某行业的专业展；有的展览注重企业形象及产品的展示，有的则侧重贸易交流；有的商展对公众、消费者开放，有的只限于专业的观众和买家。我们作为参展商必须先对商展的性质和范围有所了解，再进行重点选择。

笔者在展会的推广以及为近 6 000 家出口企业代表培训、咨询中发现，我们的出口企业尤其是中小型出口企业在选择商展中普遍存在忽略商展性质的问题。

1. 商展分贸易性商展、消费性商展和综合性商展

□ 贸易性商展是指 Business to Business（B2B）商对商，是为制造商、进出口公司、贸易公司、进口商、分销商/批发商等举办的贸易展览，为买卖双方提供交流、沟通的贸易平台。

贸易性商展按侧重点不同分 B2B Marketing（注重企业形象及产品的展示）和 B2B Sales（侧重贸易交流、销售导向）。

贸易性商展按行业设置又分专业展、行业展和综合展。

如果想为产品寻求经销商或代理商，参加相应的专业性展览会最合适；如果旨在推销某些新产品，适合在专业的商展上租用少量摊位，带上销售员和产品专家进行面对面的接洽；如果要在某国树立本省、本市产品形象，参加展览会搭建特别装修的大面积展位，可能效果比较好。

这些是我们供应商、贸易商要选择的主要性质的商展。

□ 消费性商展是指 Business to Consumer（B2C）直接面对消费者，是为零售商、公众举办的展览，展出的基本上都是消费品，主要目的是直接销售。

□ 综合性商展是指具有贸易和消费两种性质的展览。它同时对专业买家、公众和消费者开放。

这类展会目前在国内或一些发展中国家较多，在销售的诱惑下签约赴展，来到现场才得知定位 3 000 展位规模的商展只售出 500 个，专业买家屈指可数，最终的结果是颗粒无收。

从全球商展趋势看，贸易性质商展和消费性质商展的划分会越来越明确。欧盟各国和美国、日本等主要会展国不同性质的展览会界限相当分明。但是在发展中国家，由于受到经济环境和展览业水平的限制，往往难有准确地划分。参展商应结合企业自身状况，谨慎筛选，以免“误入歧途”。

2. 选择展会准则

企业在选择展会性质时还可以从以下几个方面参考：

按展览目的为标准划分——形象参展与商业参展

按行业设置为标准划分——行业展与综合展

按观众构成为标准划分——公众展与专业展

按贸易方式为标准划分——零售展与订货展

按展出者来为标准划分——综合展、贸易展、消费展等

评估综合展、行业展和专业展的内容

B2B 贸易商展按内容分为综合展、行业展和专业展。

1. 综合展

指包括全行业或数个行业的展览会，也被称作横向型（Horizontal）展览会，如我国的广交会、华交会、轻工业展，都是关联行业。

2. 行业展

指展示某一行业，如中国香港礼品和赠品展、德国科隆国际五金展、美国消费品电子展。

3. 专业展

指某一项产品的展览会，如视听设备展、打印设备展，锁定某一专业。

专业展会的特点是提供专业交流平台，如举办讨论会、报告会，用以介绍新产品、新技术等。现代会展业日趋专业化，同一行业可细分为更多的专业展。

笔者建议参展商尽量选择专业展或行业展，注重商展的内容、所属

行业等。如是综合展一定要选择与企业自身专业（Vertical）上下游产品有关联的行业。

评估商展规模，关注买家质量

评估商展的规模可从以下 4 方面考虑：

1. 展出者所代表的区域

□ 国际展——全球参展商，如美国消费品电子展（简称“CES”）

□ 国家展——该国参展商，如中国进出口商品交易会（简称“广交会”）

□ 地区展——某一地区参展商，如中国华东进出口商品交易会（简称“华交会”）

□ 地方展——以某一地区参展商为主，如中国义乌礼品、家用品展

□ 单个公司的独家展

2. 专业观众（买家）的质量

注册买家及邀请买家的数量、职位，涵盖的目标市场、国家及地区；专业观众的形态；制造商、批发商、进口商、零售连锁商、采购办事处等各自所占的比例。

3. 展馆面积、展馆分类

展览面积多少平方米，标准展位、特装展位多少个，分几大专业展区。同时，订展及销售状况也应引起参展商关注。

4. 与我们的关联度

展会与我们产品专业的关联度如何，行业关联（横向纵向）如何，是否有我们市场的专业买家，同行参展数有多少，有没有设立专业的展馆，是否有专业的市场研讨会。

关注同行及竞争对手的参与度

笔者建议参展商在选择商展时关注下列行业信息：

□ 有没有同行业的代表企业？

☐ 有没有竞争对手？

☐ 同行、竞争对手的数量如何？

☐ 他们在行业中地位如何？

☐ 他们第几次参加该展会？

☐ 这次展位的面积、位置如何？

☐ 与上届展会相比，他们的面积是扩大还是缩小？

以上信息可以分别从该展会的网站、上届和本届的商展指南（Show Guide）及媒体报道中获得。这些信息十分关键，是决定我们是否要参加该展会的重要参考因素。

了解展览时间和地点

我们企业选择商展还必须了解展览的时间计划，这包括行业买家的采购期、我们产品更新换代的生命周期、展览的期限和次数。

1. 买家采购期

对于专业展来说，展览的时间十分重要。一般专业的行业展都会安排在行业买家的采购季节里举办。每年的4～5月份和9～10月份被称为买家的采购季节，同时也是全球专业行业展举办的旺季。企业应该在这时段前做好充分的人手和展品准备。

2. 产品生命周期

这是指任何产品都有开发、成熟、衰退阶段。展出效率与产品的生命周期有一定的联系。对于一般产品而言，在新产品阶段，展会有事半功倍的效果；在成熟阶段，展出的效果可能事倍功半；到了衰退阶段，展出往往会劳而无功。

3. 展会地点

参加展览会的最终目的是为了向该地区及通过该展会向其他地区推销产品，所以一定要研究展览会的主办地及周边辐射地区是否是自己的目标市场，是否有潜在购买力，该地区是否有利于我们的新产品发布、推广，该展会能否成为专业的交流平台。

该地点的交通、航班、通讯、物流货运、酒店、城市基础设施、展馆设施、商展服务是否方便买家和卖家参展。请展前做些市场调查。

最近5年的统计数据表明，欧盟各国和美国、日本分别为我国最大的贸易国，同时也是全球专业商展举办的集中地区。

中国企业到欧洲去参展的理由有：

□ 展会是否成功最主要取决于观众的质量。绝大部分的欧洲展是普通观众不能入内的专业展，专业观众包括贸易商、采购商、批发商、科研教育人士、官员等，他们的素质高、层次高，很多都能参与企业的决策。

□ 国际化程度高，辐射全球，如德国科隆展览会有50%的展商和30%的观众来自国外，高度国际化使欧洲展会成为国际商业活动的重心。

□ 展会的组织与服务高度专业化。

□ 展期短（一般为3至6天），可减少企业的费用负担。

在我国企业出国展览项目最多的国家中，德国以73项位居第一位，美国51项，日本19项，欧盟已成为我国企业出国办展最集中的地区，德国、意大利和法国也成为世界上著名行业会展国。

国际上具有领先地位的博览会约有2/3在德国举行，即德国每年承办130个国际国内专业博览会。德国举办博览会的城市有20多个，其中中国企业参展最多的地区有科隆、汉诺威、法兰克福、杜塞尔多夫、柏林、纽伦堡、莱比锡等。

德国科隆国际博览会是中国企业参展最多的博览会，迄今为止，来自中国的800家参展商和3 500名专业观众定期参加科隆博览会，参展面积达8 000多平方米。

德国汉诺威展览会——拥有世界上最大的展览场地，总占地面积100多万平方米，是世界展览会的发源地，已有800年举办展览的历史。由于地处德国东部，其面向东欧市场的独特优势更有利于中国企业参与。

法国每年举办全国性国内展和国际展为175个，其中专业展120个左右。法国大型展览会的国际参与程度正在不断提高，有些世界著名的展会，超过总数50%的参展商都是高端客户。与德国由展馆自己组织展会的形式不同,法国的展览会采取展馆与展览组织分离的形式。

意大利是中国企业到欧洲参展的第二大国，米兰是重要的展览城市。

评估该商展的知名度及举办次数

1. 国际商展简介

我们可以从该展会历史有多久、已经举办了几次来评估它的有效性和受欢迎程度。目前国际商展分定期展和不定期展，定期展有一年四次、一年两次、一年一次、两年一次等。不定期展则视需要而定，分为长期和短期，长期可以是三个月、半年，甚至常年展，短期展一般不超过一个月。专业展览会一般是 3～6 天，笔者建议参展商以选择 3～6 天的展会为主。

今天，每个行业都已形成了自己具有全球知名度的展览会，也叫行业展。行业展已成为行业买家与供应商必去的场所和贸易平台，好的展位一位难求。展会的知名度越高，吸引的参展商和买家就越多，成交的可能性也就越大。如下列展会：

德国法兰克福春秋季消费品博览会

意大利米兰的 MACEF 展

德国汉诺威的工业博览会

美国国际玩具展

美国消费品电子展（CES）

美国国际五金展

中国进出口商品交易会（广交会）

德国科隆国际五金展

中国香港电子展

德国汉诺威信息及通信技术博览会

美国国际五金展

中国进出口商品交易会

德国消费电子展　　中国香港礼品及赠品展　　阿联酋迪拜国际建材展

德国科隆国际五金展　　中国香港电子展　　德国法兰克福春季消费品展

2. 与我们的吻合度

笔者在培训和咨询中发现，不少我国国内企业在参加广交会、香港展会时感觉效果都不错，片面地觉得产品很受欢迎，于是打点行李立即参加国际行业著名展，到了那边却发现产品无人问津。在国外的灯光、声音、视频、色彩、动态结合的布展中，我们有的产品根本无法展示。

为什么会产生这种截然不同的结果呢？

很多供应商也觉得很纳闷。笔者认为其原因是广交会、香港展效果好是因为来的买家采购目的明确，100％要买 Made in China（中国制造），但是你今天去参加德国展，来自德国和全球的买家就不一定 100％对你的产品感兴趣。所以，我们中国供应商在选择这些展会时一定要考虑到产品的款式、档次、认证、包装是否与当地吻合，只有这样，才能提高我们参展的投资回报率。我们中国供应商在选择这些著名的行业展会时，应该从我们企业、产品与该展会的吻合度、匹配度以及产品如何展示上做准备。

评估主办方的专业化服务

目前主办方分为两类：一类是每年都会定时定点举办展会的展馆拥

有者，另一类是拥有媒体及市场推广经验但不拥有场馆的专业会展组织者。无论哪一类，选定商展的关键在于对商展组织者的了解。主办者被称为展会中的灵魂，他的影响力、经验、推广能力、展馆选址的能力决定着商展是否成功。对参展商来说，组织者的核心价值是提供专业的展览服务。展前的服务一般包括对展览的宣传与准备、对展览的咨询、办理参展手续等；展中的服务是指在展览会期间的安全保障、运输、展台的搭建及研讨会等；展后服务，往往是许多展览最容易忽视的，也是最重要的，主要指向参展商提供展会信息、数据统计、专业观众分析等，为参展商提供有效的业务服务和市场导向，保持良好的商业关系。

笔者建议，我们参展商在筛选商展时不妨向主办者或销售代理商询问下列专业问题，以确保该展会的有效性。

☐ 主办方是否与目标买家群体保持长期稳固的关系?

☐ 主办方在出口推广方面是否拥有相关经验?

☐ 此次商展是否针对特定的目标行业?

☐ 主办方做了哪些方面的展会推广? 如何邀请专业买家?

☐ 主办方在展会组织工作方面的专业性如何?

☐ 主办方为参展商在展前、展中和展后提供哪些专业的展会服务?

☐ 主办者的声誉、历史及以往的口碑如何?

第三节　选择和参加商展的途径

那么，如何找到与我们企业专业相关的商展呢?

现在，几乎全球市场的每个主要行业每年都有至少一次的相关专业展。可以联系当地贸促会、行业协会、专业的组织，或向我们国外客户咨询，以获取商展名称、地点、联系方式。

利用互联网

The Tradeshow Calendar.com

biz tradeshows

ALL CONFERENCES .COM

mytradefairs.com
Connecting Your Business

Expofairs.com

exhibitions .co.uk

EventsEye
The Eye on the Events!

Trade Show Center

tsnn.com
The Ultimate Event Resource

m+a Expo DataBase

ExpoCentral.com

Jupiterevents.
a division of Jupitermedia

下列为查询商展时常需要用到的网址：

www. tradeshow. globalsources. com

www. TradeShowWeek. com

www. TSNN. com

www. EventsEye. com

www. ExpoCentral. com

www. JupiterEvents. com

www. ExpoFairs. com

www. AllConferences. com

www. Exhibitions. co. uk

www. ExpoDatabase. com

www. MyTradeFairs. com

www. TradeShowPlaza. com

www. BizTradeShows. com

www. TheTradeshowCalendar. com

商展的组织者

以下为部分知名的商展组织者：

德国商务会展协会（AIUMA）www. auma. de

加拿大展会管理协会（CAEM）www. caem. ca

展会研究中心（CEIR）www. ceir. org

国际博览会管理协会（IAEM）www. iaem. org

全美消费品展协会（NACS）www. publicshows. com

展商协会（TSEA）www. tsea. org

国际商务会展协会（UFI）www. ufinet. org

世界展会 www. woinetwork. com

世界贸易中心协会（WTCA）www. wtca. org

我国一般企业要参加出国展览必须由经国家批准的有出展权的主办单

位来组织。这样的主办单位在全国有200多家，包括贸促会系统（地方分会与行业分会）、各地经贸委、大型外贸、工贸总公司、大型商会等。

一般单位可通过这些主办单位的全年组展计划了解可出国参加哪些展会，并向这些单位交费参加。

参加商展的途径

从目前我国外贸参展对象看，主要包括进出口公司、贸易公司、工贸结合公司、大型集团公司、出口导向工厂、外贸SOHO一族等。同时这些企业必须有进出口经营权才能参加国外商展。

参加国内外商展方式：

1. 公司直接参展

参展商可直接联系主办方或代理联系公司，签订合同参加相关商展。这类企业一般都有一定的参展经验及相关的参展团队，能确定具体的参展目的和相关人员的职责，在展前、展中及展后有明确的行动计划。

2. 集团公司参展

较大的集团可以集团公司名义申请参展。下属的子公司、分公司分别展出各自的强项产品，以增加展位面积和提升公司的整体形象，给买家留下专业的影响。

3. 合作参展

企业较小不妨考虑和其他关联的贸易公司、工厂配合起来一起申请参展。方法有共同出资、部分出资、合租摊位、工厂出展品外贸公司负责展销等。

4. 联合参展

对新参展企业或小企业而言，与另一家企业联合参展是低成本、高收益的参展方式。特别是在海外展会上，两个或两个以上的企业共同租用一个展台参展或联合参加政府展台都是进入新的海外市场的有价值选择。

5. 组团参展

组团参展是指由贸促会、行业协会、企业间也可以是国家、地区、省市组团参展并开设专馆，展示品牌，壮大声势，扩大影响，是中国企业出国参展的主要途径之一。

6. 委托参展

委托所在地区或国家的代理商、分销商、合作伙伴代表公司参加当地的国际展，接触客户，了解行业发展趋势。这类模式参展为企业节省了开发市场的成本，但前提是必须与相关的代理商有明确的代理和参展合同约束。

考察/观展技巧

计划利用商展开拓国际市场但从未参加过国际商展的企业，总是不清楚首次参加的某个国际商展是否符合自身的企业。笔者建议上述企业首次应该选择考察/观展这一策略来达成目标。

下面的技巧和方法将有效地帮助企业提升观展效力。

要想在有限的时间里事半功倍，获得更多的有效信息，就要在观展前做好以下准备：

1. 观展前必须获得《商展指南》（Show Guide），详细分析关联行业展馆的分布。

2. 分析主要对手的面积/位置，前届和本届面积/位置比较。列出你准备关注的主要展商及关联行业客户名单。

3. 设定参观路线和时间分配，确定你对整个商展了解要花费的时间及对主要对象的研究时间。

4. 设计一个信息收集表。内容包含：

□ 对商展的整体评估

■ 商展性质：B2B 贸易展还是 B2C 消费展，是综合展还是专业展，此次商展是否针对特定目标行业。

■ 商展规模：来自我们目标地区的国际买家数量和质量。

■ 展会与我们产品的关联度、匹配度如何，是否有与我们产品关联的展馆。

■ 商展的知名度、已举办届数、媒介报告、历史及以往的口碑如何。

■ 主办方的专业化服务：摊位搭建、推广宣传、信息提供、展中服务、研讨会、保安服务、展后信息统计等。

■ 主办方做了哪些方面的展会推广。

■ 主办方在展会组织工作方面的专业性如何。

■ 展会的客流量如何。

□ 对关联行业、竞争对手动向的了解

■ 同行业者参展数量

■ 主要竞争者数量、面积、位置、人员配备

■ 他们本次参展的重点、新产品、促销手段、目录

■ 定价、付款条件、交货方式

■ 他们摊位高峰时段的客流量及客户的兴趣

■ 客户走出摊位后的反馈

■ 我们和对手之间存在哪些主要差别

■ 竞争对手的哪些方面会对我们构成威胁

■ 行业产品结构、规模、发展趋势

5. 建议设定两整天以上的观展时间。

6. 关注拥挤摊位的关联产品和服务，设法拿到目录并买到样品。

7. 准备笔和记录本、小型录音机、数码相机、带摄像头的手机。

8. 做好每一站的记录，对所收集的材料进行整理、归类，每天回顾总结。

9. 携带足够的应对名片。

小贴士

□ 选择舒适的鞋子和衣服，轻松观展减轻疲劳。

□ 准备行李的预留空位，方便容纳参展商的资料。

□ 选择靠近展会的酒店，节省往返时间和方便休息。

□ 观展中每隔 2 小时休息一下，呼吸新鲜空气，增加体能。

□ 建议喝矿泉水，不要喝碳酸饮料和啤酒以防虚脱。

□ 提前 30 分钟离场，避免等车的麻烦。

上述针对观展企业而做的准备和计划虽然简单，但事实证明是行之有效的办法，只要注意到这些细节问题，便可收到预期的效果。

第三章 展前的准备工作

第一节 展前的市场调查

了解产品及市场宏观情况

在选择展出产品之前，参展商必须围绕所展示的产品能否成交展开市场调研。

调研内容包括市场、产品、运输、包装、保险、税则、汇率、折扣等。每个市场都有其特点，透彻地了解和充分地准备有助于展出成功，有助于成交。展出者应做到：

□ 了解市场要求，展出符合市场要求的产品。如果市场对某产品有贸易的和非贸易的壁垒，在展出这类产品时就要慎重考虑。

□ 了解产品的质量、颜色、风格、尺寸、外观、设计、性能、技术规格、贸易标准。

□ 了解运输包装、消费包装、保护要求、说明要求。

□ 了解关税、税率、配额、货币管制、其他限制以及市场划分等状况。

针对目标市场的规模、消费量、进口量、产品来源、消费地理分布、有关法规、市场潜力和发展趋势、市场障碍等方面进行市场宏观调查。

借助展会研究竞争对手

要尽量多了解行业间竞争对手的情况。通过参观展位，了解他们推出的新产品、目录、定价、付款条件、交货方式、人员素质、促销手段等。将这些信息收集完备后与我们企业的产品、销售人员、展品、宣传资料、顾客评价和展会前的营销策略及其在实施效果等方面进行比较，找出差距。关注企业自身与同行间的差距，目前这种差距有多大，造成这种差距的原因是什么。在客户眼中，这种差距对你的企业成长有何影响，如何应对这种差距及竞争对手。

如果本企业占据优势较大，则应关注竞争对手是否很容易赶上，企业将如何保持这种优势，可以保持多久。

参展商如果能够借助展会更好地了解竞争对手，确立自己在同行业中的地位，对实现企业目标将是大有裨益的。

第二节　展品的选择与管理

选择展品的原则

1. 吻合市场/行业、独特/创新、平衡展位面积

□ 展品必须吻合展会性质、内容以及我们的目标市场与关联行业。

□ 展品必须有创新之处或有自身的独到之处，以便和其他同类产品区别。

□ 平衡展品与展位的面积。只放一些产品的展位看上去不太吸引人，但是一个展位内放太多的展品也不会使人印象深刻。对供应商而言取一个平衡数量，然后突出创新产品是关键。展品只要能体现展出者的技术水平、生产能力及企业特点即可，千万不要贪多将公司过去生产、经营的所有产品都带去陈列!

过多及凌乱的展品陈列无法引起买家关注

□ 选择展品还可以从不同地区的客户最近6个月往来邮件沟通中的兴趣点、关注点方面考虑。

□ 准备展品和货源必须根据展出者的生产能力和财政实力，并结合客户可能的要求来决定产品的可供品种、数量、规格、性能以及交货时间等。

2. 不可以展出的展品

武器、枪、刀、剑类，引火、爆发性或放射性的危险物、剧毒物、麻药，有可能侵害工业所有权的进口物品或禁止销售品皆不可以展出。另外，主办者认为有碍于展会举办的物品也不能展出。

建立展品数据库

1. 数据录入

首先用数码相机拍摄的展品图片，然后分类导入展品数据库，自动按编号建立展品档案，内容包括：

□ 大幅、清晰且缩放比例合理的彩色图片

□ 完整的产品规格

□ 特点、功能及好处

☐ 颜色、尺寸及材料

☐ 款式及选择

☐ 最低订货量

☐ 运输与包装

☐ 交货方式

☐ 价格、付款条件

☐ 装箱资料

☐ 供应商来源

2. 制作样品条码管理

完成建立展品数据库后应运用条码器管理，批量制作所有样品的条码标签，用条码打印机打印到不干胶纸上。将每个编号的条码标签贴到相关样品实物上。展中买家喜欢什么样品，只要用你手中的条码扫描器逐一扫描入电脑，上述信息即刻呈现在你眼前，这将大大提升展中报价时的工作效率。

知识产权纠纷

参展中可能涉及的知识产权纠纷，集中在专利权、版权、商标权和认证方面，涉及图案、外型、颜色、结构、原理、OEM、包装、样本、照片、真假认证及商标使用的地域和期限。对参展企业来说，在参展前请参照下列提示对展出的“新品”进行专利检索，对自己开发的新产品要及时申请专利以取得产品“出生证”。

企业要增强知识产权的自我保护意识，努力提高企业的市场竞争能力，在产品的研究开发、生产经营等各个环节都要严把知识产权关，避免浪费人力、物力去重复研究和侵犯他人知识产权。

世界上大多数国家都对专利或商标权给予保护，如果已取得专利或中国国内商标权，应提前与你的专利代理商研究如何使这种商标或专利在国外得到保护。

现在的商展中一般都列有明确的知识产权遵守原则

国外参展常见的专利和商标纠纷

1. 抄袭别人的外型、结构、原理等

这种侵权行为是近年来发生最多的，占到全部侵权案件的80%以上。外观不同但内部结构或原理相同也被视为侵权。

2. 商品的颜色、图案、包装涉嫌侵权

我们往往很少意识到这一点。说到商品的颜色，可能有人会有疑虑，难道颜色也能构成侵权，但事实上确实存在这样的案例。还有不少厂家仿造他人的包装以致产生侵权纠纷。

展品图像中出现的侵权图案

申请过专利权的产品：黄黑两色的 Power Tools，
拥有外观设计配色的专利

申请过专利权的产品 Burberry 的方格图案
（有各种不同配色）

3. OEM/ODM 产品侵权

很多 OEM/ODM 的参展商，没有经过客户的同意就将客户的 OEM 产品作为展品带去参展，还有的是去掉商标作为展品。这在历次的展会中被投诉的事件屡屡发生。

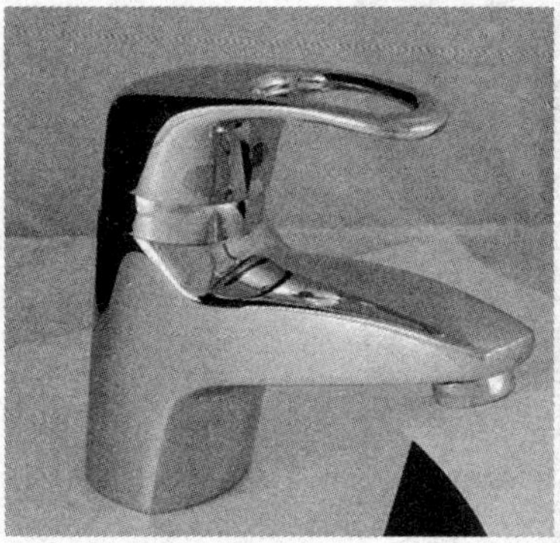

去掉商标的 OEM 展品

4. 样本、海报图片侵权

样本侵权在历次的展览中发生的还是比较多的，约占到总侵权案件的 20%。

不少公司的展出商品并没有涉嫌侵权，但他们在展位上张贴的样本图片，被客户指控侵权，结果该公司的所有参展商品及样本图片都被没收。因此，在参加出境展览时，参展企业不仅要注意审查参展商品，还要注意展出的海报图片和样本。

5. 商标使用地域和期限侵权

要注意商标使用过程中的地域和期限问题。一些商标的使用是有地区限制的，比如某种产品的商标可以在德国使用，但在意大利参展却不行，因为在不同地区使同种商标仍需要商标所有者的授权。

还有商标的期限规定。一种商标的规定期限可能是10年或20年，超过这个期限仍然使用，就有可能被诉侵权。

6. 知识产权“警察”

现在很多国际展都设有知识产权办公室和配有知识产权警察。所谓知识产权警察是穿便衣的专业人员、海关人员，他们会不定时地来到关联展位检查各类专利、商标、认证或接到举报后前来调查。

为了防止仿造品出现，2008年科隆家电展不仅推出了新口号“睁大你的眼睛”，还新增了一个特殊展位——移动海关督查队。任何商家发现版权、商标权、专利权受到侵害都可以到展会海关现场办公地点投诉和举报。如果参展商或个人两次被罚，就不容许再次到德国参加任何展会。

第三节　销售资料和工具的准备

制定贸易条款

按商展的销售和成交导向必须准备贸易洽谈的必要条款，包括：

☐ 根据市场调研结果制定销售规则

☐ 最低采购量 MOQ

☐ 包装条款

☐ 交货条款

□ 运输条款

□ 付款条款

□ 把价格浮动及幅度作为洽谈、签约的基本条件

展前准备工作

根据参展目标的不同，企业可以制订自己的展前计划，主要包括以下内容：

□ 复查公司的参展说明书

□ 印制传单

□ 发新闻稿

□ 安排展览期间的翻译员或讲解员

□ 确定参展样品，并准备可以代表本公司品质及特色的样品，贴上公司标签。

□ 准备给索取样品客商的赠品

□ 计划访客回应处理程序

□ 训练参展员工

□ 排定展览期间的约谈

□ 安排展览现场或场外的招待会

□ 视察展览厅及场地

□ 准备访问当地顾客

□ 查看所订设备及所有用品的功能

□ 与公司参展员工、翻译员等进行展览前最后协调等

□ 展前准备中的宣传方案和人员培训是工作重点

□ 编制预算表、价格表、订单表、咨询登记表

□ 至少提前 20 天去订酒店

展中销售资料

□ 产品推销资料/规格表

☐ 供参考的价格单

☐ 培训资料

☐ 推广资料

☐ 客户记录表

☐ 约会登记本

☐ 订货单和合同

☐ 展台人员名片

☐ 销售部联系方式

☐ 和主办方的协议

☐ 展后的跟进信件

展中的销售工具

☐ 笔、记号笔、纸、涂改液、信纸、信封

☐ 计算器

☐ 订书机、订书针、剪刀、美工刀、锁具

☐ 回形针、透明胶带、橡皮筋、双面胶、卷尺

☐ 展示架

☐ 小工具箱，如螺丝刀、锤子、扳手、钳子等

☐ 笔记本电脑（参展介绍的必要工具）

☐ 条码器

☐ 录音笔、照相机、电话

☐ 手电筒

☐ 插头及转换器/拖线板

☐ 小型喷墨打印机

☐ 清洁展台、展品的用品

☐ 医药箱（含常备的急救药）

请参照附录 4“参展文具/道具清单”。

第四节　展台资料的设计要素

展台资料的种类

1. 公司简介

公司简介对于展台销售来说是必不可少的。建议内容简明扼要，在整体介绍前先用大纲形式强调公司的历史、成立年份、规模、主要出口市场、国家、主要客户类型等，让买家一看就明白。避免一些大而空的话，用实际数据和事实说话，以显示出公司的经验、实力和产品优势。

除了简单版本、详细版本外，还要另外准备一些简单但信息明确的主打产品的小宣传单，并要易于发放。包括发给目标不明客户的低成本资料，发给专业客户的成套、成本高的资料。

还要考虑到参观者不可能仅仅考察一家企业就满足，那么当多家展商的资料都拿到之后，将可能是厚厚的一叠，当重量过重时，参观者就不得不舍弃一部分，太大、太重、介绍太模糊或介绍太冗长的资料就有可能成为舍弃的对象。

此外，如果仅仅将宣传资料做成一般产品说明书，缺乏一些快速的信息查阅方式和视觉亮点，那么这份资料也很有可能被丢弃。被丢弃资料的企业在此次展会过程中的信息传递和延续也将终止。

2. 样本的设计

其包括产品目录、服务说明、展出介绍。

产品目录要详细，包括图片、规格、技术指标、质量认证等具体信息。产品目录、服务说明、展出介绍的样本设计一定要精美，因为展位上的客户较多，很多是先收集样本，回去再慢慢研究。样本是一种比较直观的宣传资料，设计样本时可借鉴国外同行中大公司样本的模式，符合国际流行的式样。注意语法及专业的英语翻译，最好能准备参展国当地的语言目录。

3. 宣传资料

指参展说明书、传单、新闻稿等。

宣传资料具有广告作用。参展商首先要确定资料种类、内容、数量，规定统一的风格、色调、标志，针对不同的目标观众可以编印不同的资料。

重视资料文字的编辑和纸质，好的文字对参展企业的形象很重要。如果是国际展览，宣传资料要有英文编印。

4. 展台人员名片

展台人员名片一定要印上展台摊位号码，方便买家找到。有条件的名片还可以带上展位地图。名片必须是中英文对照，中文最好是繁体中文。预估需接待的客户数量，以便带足名片。

5. 价格单

它往往被参展商疏忽，通常会藏在老板心里，而不用书面文件记录。笔者建议参展商运用电脑设计专业的价格单，为客户提供正规格式的报价单，将你公司的 Logo、详细联系方式、价格条件、单价数量、样品、支付方法等全部写在一张 A4 纸上。这会给买家留下专业的形象。

独特卖点（USP）在参展资料中的运用

Unique Selling Point（USP）即独特的销售卖点，公司、产品、服务、沟通独具的特点。独特卖点必须具备如下要素：

1. 独特的（Unique）

所强调的卖点必须是竞争对手做不到的或无法提供的，必须说出其独特之处，强调人无我有的唯一性。所强调的主张必须是强有力的，必须集中在某一个点上，以达到打动、吸引买家购买产品的目的。你的公司与你的竞争对手有何不同，买家为何要选择向你采购，而不是向你的对手采购？

2. 有利益的（Benefit）

向客户表达明白，购买你的产品可以获得什么具体的利益，什么是客户只能从你这里获得的，把注意力放在满足客户需求上，并将优越的价值传递给客户。

3. 有支持的（Supported）

有具体的事实、数据证明上述竞争优势。

4. 可衡量的（Measurable）

展示量化数字、名称、第三方认证等作为评估依据。

如：

□ A decade of supplying Wal-Mart，IKEA and J. C. Penney

10 年作为 Wal-Mart、IKEA 和 J. C. Penny 供应商的经验

□Total in-car A/V solutions from a 100-member R&D team

百人研发队伍为您提供车载视听全面解决方案

□ 8 new photo frames every week

每周推出 8 款新品相框

这些卖点有证有据，锁定客户兴趣，回答客户的问题，让专业买家看了会产生沟通愿望。

然而，我们不少的供应商在参展的公司介绍、产品目录、海报、推广信件中往往采用下列表达方法来介绍公司。

如：

Your good business partner.

您优秀的商业伙伴。

Lowest prices，fast delivery and best quality.

最低的价格、最短的交货期和最好的产品质量。

The world's best stainless steel products.

世界上最好的不锈钢产品。

We promise whatever you need.

我们保证满足你一切需求。

这些卖点看来似乎很有道理，但仔细分析，它的真实性、可信度却

受到置疑。让买家看了产生怀疑：什么是优秀伙伴标准？多快交货？获得哪些质量标准？我的需求是什么？成交的过程应该是设法让买家不断地说“是、是、是……”的过程！同时，公司卖点 USP 锁定目标客户群，不要试图向所有的买家提供所有服务，应根据自身特点有所侧重，向适合自己的特定买家群体提供服务。

笔者在过去的数年中曾采访过不少买家，其内容是针对展会中的销售资料如何突出重点。他们不约而同地提出希望从公司介绍、产品目录、推广资料、海报中首先想看到的是简洁的公司卖点 USP 介绍，如公司的历史、规模，主要出口市场、地区、认证，谁是他们的客户。通过了解这些信息，买家立即可以判断出供应商的能力和产品的质量是否符合他们的标准。因此，独特卖点 USP 在销售资料中的运用十分重要，它决定了我们能否在展中以短短的几秒吸引住客户。

商展 POP 如何设计

商展 POP（Point of Purchase）意为“卖点广告”，其主要商业用途是吸引买家眼球，传递公司卖点。它的形式有展板、展位海报、吊旗、立体易拉宝等。

吊旗

展板、展位海报

1. 商展 POP 设计原则

☐ 清晰简单的设计

☐ 具备独特卖点

易拉宝

□ 精炼的专业语句

□ 大号字体，方便阅读

□ 英文版本

□ 统一色调

□ 统一的公司形象

2. 成功设计的 POP

下面这些成功的 POP 展板、海报案例的设计简洁、语句精炼，用数据、事实突出企业的卖点 USP，有效地引起了买家的兴趣，值得我们好好研究学习。

斯伯丁、恩宝如何保持以质闻名呢？是选择我们作为他们的 OEM 合作伙伴

沃尔玛、家乐福、Hilka、汉斯安海、Warehouse
这些大买家信赖我们 18 年的 OEM 经验

自 1923 年以来一直生产玻璃制品，为沃尔玛、家乐福、Target 供货 10 年

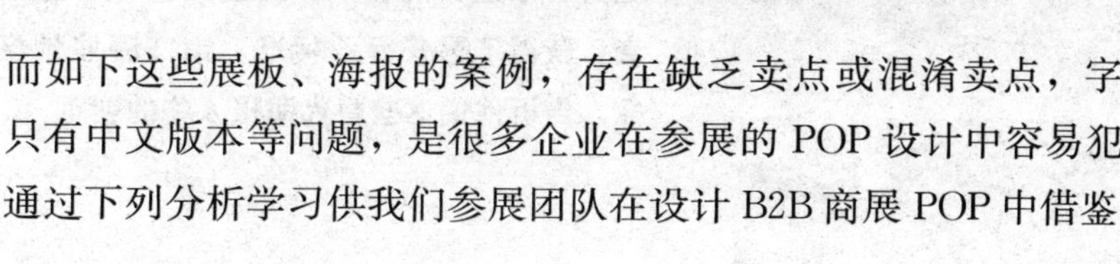

我们有遍布全中国的供货网络，70 家供货商满足您的需求

而如下这些展板、海报的案例，存在缺乏卖点或混淆卖点，字体太小，只有中文版本等问题，是很多企业在参展的 POP 设计中容易犯的错误，通过下列分析学习供我们参展团队在设计 B2B 商展 POP 中借鉴。

“使你的生活更美好”，这是企业锁定终端消费者的 B2C 广告，不适合在 B2B 商展上使用。批发商、进口商、OEM 商等对质量、价格、交货期、MOQ 等比对“美好生活”更感兴趣。请突出这些优势

这块展板中虽然有数据、有事实，字体也够大，但买家看了后觉得与他没关系！是什么产品啊？缺少产品图片配合与色彩，不能有效引起买家兴趣

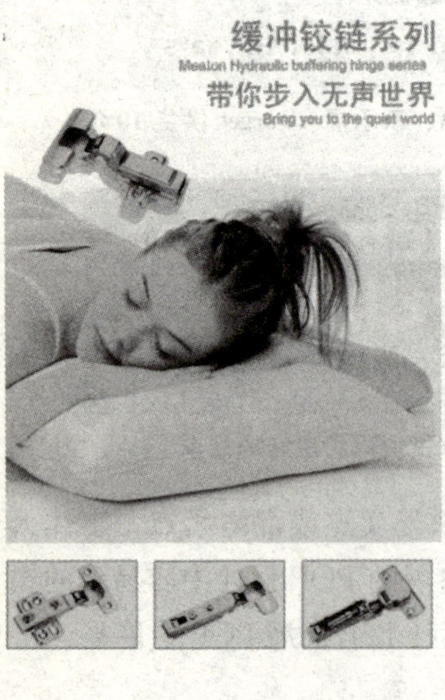

这张 B2B 商展海报很有创意！但用在商展上不是很适合。因为在 B2B 商展中，我们的买家首先关心的是你公司的专业性及整体实力介绍。谈到产品，不是凭你说无声就无声。他们更关心谁是你的客户，这些配件与哪些品牌配套，获得了哪些行业标准，销往哪些地区、国家。告诉他们这些替代海报人物的创意

这几张商展海报缺乏对展品的内涵、卖点介绍，过多地强调创意。在 B2B 商展上买家来去匆匆，没时间欣赏创意，提供企业卖点 USP 信息是关键

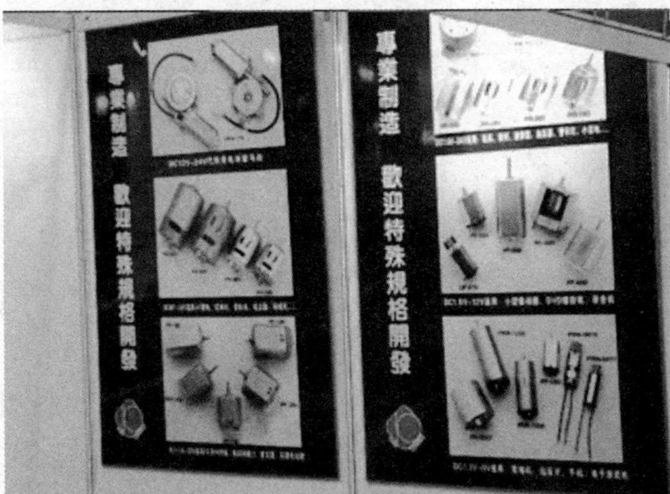

中文字体的 B2B 商展海报妨碍了部分买家的理解

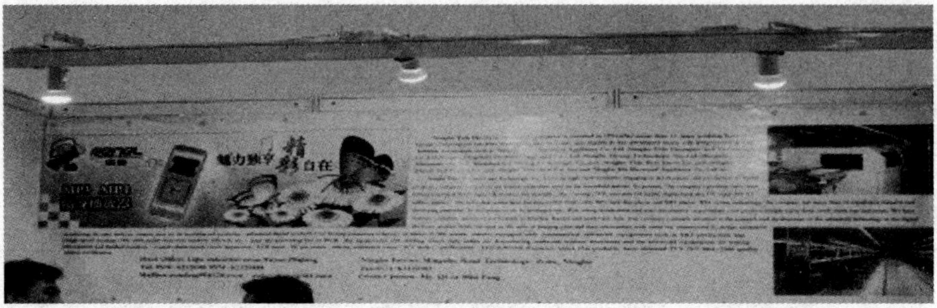

这块展板图文并茂，可惜字体太小，语句不够精炼。走进展位的买家不可能花时间来阅读，那就意味着浪费！改成大号字体，突出企业的优势、买家的兴趣点

第四章 参展团队的培训和训练

第一节　参展人员的确定和配备

参展人员的选择

选配展台人员是一项认真严肃的工作，应该严格挑选和配备。

展台人员的配备可以从两个方面考虑：根据工作性质决定人员种类，根据工作量和展台面积决定人员数量。

参展人员的构成分后台支持人员和展台人员两类。

后台支持人员包括广告、公关、宣传、设计等部门的人员，展台人员包括销售人员、技术专家、生产人员、信息部门人员、英文翻译和后勤人员。他们分别负责产品的推介，疑难问题的解答，展会现场的服务及管理工作等。

参展人员需要具备如下素质：

□ 个体素质：激情、相貌、声音、自信、主动性、进取心、专业知识、团队精神、充沛的精力。

□ 技能：规划和解决问题的能力、沟通能力、说服能力、参展经验。

□ 知识结构：公司相关知识、产品及竞品的知识和应用、展览知识、客户知识、计算机辅助参展、知识产权与法律知识。

小贴士

企业选派境外参展的展台工作人员时，必须保证整个业务团队的综合素质能力最强，有较强的英语沟通能力，这样可以增加签证的成功率，保证参展的效果。

如果你想请临时的展台人员，他们必须经过你公司的培训，了解你公司的组织结构、展品介绍、参展目的、目标客户和销售卖点。

展台人数的配置

1. 展台配置准备

你的展台人数配置完全取决于你参加商展的性质和你促销的产品与服务，以及预估的展会期间的参观者（老客户、潜在客户）数量。

无论参加的是地方展、国家展还是国际展，首先必须确保与主办方取得联系，获取参观者信息，包括预估数量、已注册的参观者数量、代表的公司和职位。同时，结合上一届数据与本届进行分析比较。

如果你以前曾参加过往届商展，请参照以往的文档记录预估能产出多少销售线索和实际销售额。预估有多少老客户、潜在客户会来到展位，以此来决定需要派多少人员去，确保人员和时间能满足接待这些客户的需求。

2. 如何计算展位上需要多少展台接待人员

例如：从主办方获悉约有 50 000 名注册参观者，参照商展的性质是专业展还是综合展，来预估与我们关联的参观者有多少。

在一般消费品展中，与我们关联的参观者约占 3%，即相关产品参观者为 50 000 人×3%=1 500 人，指 3 天中预估会有 1 500 人对我们展品感兴趣。参展时间共计 24 小时（3 天×8 小时/天 = 24 小时），按每 3 到 10 分钟接待一位客户计算，需要 5 个以上展台接待人员。

展台人员的数量与展位面积要匹配。（请参照第 6 章第一节中“决定展位面积的因素”）

不要安排太多的展台人员，这会使你的潜在客户远离你，因为他们认为你的展位太拥挤不方便参观。

第二节　培训内容

为了确保展出的效果和效率，在配备了展台人员之后，必须对参展团队进行培训。培训的目的是使展台人员了解展出目的，掌握展台工作技巧，培养合作及团队精神。锁定目标市场和客户，提升公司投资回报率。

世界各地展览专家都认为：

展出的效果 70%～90%取决于展出人员。无论是展览素质一般的新手，还是富有经验的高手，参加某一具体的展览，都必须通过培训，了解相关情况，被安排具体工作，接受技术训练。

参展商能否在展会上取得成功，很大程度上取决于参展人员的表现。因此，对参展团队的培训不仅仅要进行礼仪、外语、沟通技巧的培训，还要有针对性地让他们了解一些公司产品的资料、竞争对手的信息以及重要客户的情况，把参展的目的和期望明确地告诉参展团队。只有这样才能知己知彼，百战不殆。

针对参展团队的培训，笔者建议根据公司的具体状况从下列内容中考虑。

参展背景及展出介绍

建议在展会前参照商展计划定期对参展团队进行筹备情况及项目进展的介绍。

□ 展出目的介绍：维护老客户、推广新产品、了解市场动向、树立企业形象等。

☐ 展出情况介绍：让展台人员熟悉展出背景、展品及服务的介绍。

☐ 展会情况：名称、地点、展出日期、开闭馆时间、场地平面、展馆位置、出入口位置、办公室位置、餐厅位置、厕所位置、参展团队要求、人员组成、工作时间、每日轮班安排等。

☐ 展台情况：展出意图、展台布局、展台面积、展台位置、展台序号。

☐ 目标市场介绍：目标观众、销售规模、销售渠道、规章制度、特点、购买习惯和销售价格等。

☐ 行政安排：包括展台人员的宿、膳、行、日程等。

明确参展团队职责

确定一位展会经理负责展会期间的目标管理。

1. 销售经理/展会经理职责

销售线索管理、贵宾接待，高职位专业买家接待、记者招待会、公关工作、研讨会。

应关注新产品、竞品信息、竞争对手动向、目标市场信息，收集与我们产品关联的上下游展品信息。

2. 展台工作人员职责

专业买家接待、邀请客户接待，贸易洽谈。

应关注客户对我们展品的反馈、建议，包括工艺改进、图案、款式、认证、价格等。记录和管理来访客户的信息。

3. 业务新手职责

展中目标市场客户问卷采访调查。应预先与经理讨论，准备有关公司产品与市场的10个问题（参照第七章第四节中“市场调查问卷”），展后汇总报告。

竞争对手参展信息收集（参照第七章第四节中“如何了解竞争信息”），展后完成总结报告。

根据分派的具体任务，事先制定明确的分工表，包括内容/要求/负责人/截止时间（参照第一章第四节中“展会项目进展管理表”）。

公司的优势和卖点

让参展人员清楚地了解公司的优势和卖点，以及与同行的区别，这包括：

□ 公司成立几年、出口市场的情况

□ 地理位置、公司的管理理念

□ 获得哪些管理体系认证、安全认证（RoHS、CE..）、产品专利

□ 目前产品分类、产品种类、生产能力、开发新产品的能力

□ 产品有哪些独特卖点，独特的行业知识，OEM/ODM 能力

□ 销售/服务有哪些优势

□ 订单管理系统如何、能否准时交货、自己是否有工厂

□ 海外有无代理/办事处

□ 每年参加哪些商展

参展人员需十分了解公司业务系统如何运作及公司的政策与业务流程，以便在展中与客户沟通。包括：

□ 报价原则

□ 样品政策和业务流程

专业的产品知识

美国贸易展览局曾做过一项调查，调查结果显示 94%以上的参观者认为产品知识是展台人员应具备的最重要的知识。因此，所有展台人员都必须熟悉展品知识，包括：

□ 规格、功能、特点、作用、使用方法。

□ 熟悉产品特点，做到能在实践中运用这些信息解决顾客的问题。

□ 展台人员对展品介绍，要详细介绍每一个展品的性能、相关数据、用法、用途、特点、好处等。

□ 掌握操作示范技巧，熟悉展品目录说明及与竞争品牌的区别。

展台人员应该是销售顾问。如果一个展台人员对产品不熟悉，不能专业地介绍产品，就变成展台报价员了。

确定目标客户

参展团队必须明确地了解谁是我们的客户，即确定我们的主要买家信息。

□ 买家是进出口商、制造商、批发商、经销商、OEM/ODM商还是零售商

□ 来自的国家、地区

□ 专业水平、经验和背景

□ 采购的能力、时间

□ 客户的兴趣点在哪里、对我们展品的要求是什么

（参照第七章第四节“中如何抓住买家的兴趣点”）

了解销售渠道

展台销售人员要了解我们的销售体系、主要客户、地区的销售渠道和环节、不同渠道的优劣势、各环节各渠道的订货数量、交货期要求、销售条件、认证要求、价格中加价幅度及售后服务要求等。

了解运输条件

包括当地市场的运输业状况、运输路线、运输方式、运输价格，以便计算出决定产品报价的运输成本、运输时间及成交合同中的运输条款。这在当今的外贸中尤为重要。

了解竞争对手及产品

参展团队必须在参展前了解哪些竞争对手参加了本次商展，他们和

我们的主要区别在哪里，对我们的展品与主要竞争对手的产品进行比较分析明确，我们有什么优势，有哪些销售机会，存在什么弱点，与同行相比最大的挑战是什么。

同时还必须了解主要对手的国内外供应商和客户及他们的名称、供应量、市场占有率、优势及劣势、商标、专利问题及市场报价，以便知道与谁竞争，做好定价方面的预先准备。

（具体方法和技巧请参照第七章第四节中“如何了解竞争信息”）

与买家建立关系的技巧

参展人员必须以顾客为导向才能成功。因此，参展人员必须学会发问和倾听客户的业务需求。针对不同的客户进行个性化的销售。

培训时应注重三方面：如何接待老客户、如何面对潜在客户、如何面对同行的客户。

要想成为客户的顾问，了解本公司和主要地区的客户运作流程、模式及对产品的具体要求是关键。

（具体方法和技巧请参照第七章第四节中“发问、倾听了解买家的需求”）

识别客户技能

在今天激烈竞争的环境下，我们参展团队必须明白，光临我们展位的每个人并不都是我们的目标客户，他们中有老客户、潜在专业客户、过路客、竞争的同行者等。他们带着不同的目的来到我们展位，我们展台销售人员面临的挑战是如何在第一时间鉴别客户的真正动机，以此来决定我们工作的轻重缓急，采用不同的方式与不同的客户打交道，这需要专业的培训和长期积累的实战经验。

公司外销经理及团队应在参展前总结出一套针对本公司产品和服务的方法和工具，以及应对同行刺探军情的技能，用来有效鉴别专业买家，并对参展团队实施培训。

（具体方法和技巧请参照第七章第二节中“如何识别真假买家、沟通中如何评估客户”)

商展的销售礼仪

针对买家希望与怎样的展台人员沟通这个问题，笔者曾在商展现场采访过几位买家，他们都谈到了并不奢望每个展台人员都是完全训练有素的，但是态度是最重要的。买家希望看到我们展台人员对买家表现出热情、认真等非常积极正面的信号。那些只顾坐在一边说话，对买家的光顾视而不见的展台人员，会给买家留下非常负面的印象。

因此，展中销售礼仪的培训是展台人员的必修课。下面这些销售礼仪要点将提示我们如何在展中专业地接待客户。

□ 个人修养

握手：主动与客商握手反映出展位职员充满信心，有助于宣传其公司亲善的形象。

化妆：女士不化妆或化浓妆都会给买家带来不专业的印象。

指甲：展览会期间，参展人员每天都要派发宣传资料或展示展品，客户都会有意无意地注意到参展人员的指甲。因此，把指甲修剪整洁十分重要。

眼镜：选择不反光的镜片，有色镜片也不宜于眼神交流。褐色和黄色等有色镜片会使戴眼镜的人看上去疲惫不堪，不宜选用。

卫生：体味、口气及太浓的香水味都会令人反感，但没人会开口指责。在展位上准备一点薄荷或口香糖以便清除口气。在展览会期间不要涂过浓的香水，因为有不少人对香味过敏，如果他们闻到太刺鼻的香味，就会避而不入。

姿态：懒洋洋地靠在墙上或歪扭地到处坐都会让人感到你很疲倦、烦闷，让客户觉得他们走进展位没有受到重视。因此，展位工作人员应随时保持充沛的精力和高涨的热情。

□ 衣着

着装虽不能造出完美的团队，但第一印象的80%还是来自着装。参展商有必要制定商展着装指南（Trade Show Dress Code）发给全体参展人员作为参照。

展会上最要注重仪表的是参展商的展台人员。如参展公司有制服的应穿公司制服、佩戴名牌并站立接待。

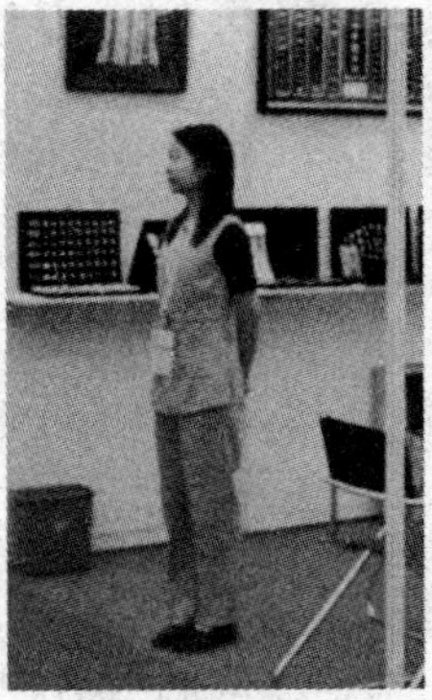

■ **男士着装注意**

制服：款式简洁，注重质料。以单色为宜，如深藏青，领带颜色必须与西装和衬衫协调，要求干净、平整不起皱。

衬衫：领型、色彩、款色必须与外套和领带协调，并和个人特点相符，注意保持领口和袖口的清洁。

袜子：宁长勿短，以坐下后不露出小腿为宜。深色西裤配深色袜子，相反，浅色配浅色。

鞋子：以黑色或棕色皮鞋为主，休闲皮鞋最好配休闲西服，保持鞋子的光亮及清洁。

■ **女士着装注意**

以职业的套装或套裙为主，保持服装平整、颜色协调。

佩戴首饰应尽量选用同一色系，最好不要佩戴过多的首饰。

忌穿着暴露，如超短裙、背心、短裙裤等，这将被认为不够专业。

如没有制服规定，建议穿着商务便服（Business Casual）。这当然要比大多数的参观客商看起来正规一些，大多数客商会按自己的意愿穿着休闲服装，如牛仔裤、运动衫、短裤等。商务便服不包含牛仔裤、短裤、短裙、凉鞋等。

参展企业可根据自身展品、布展的特点设计与展品、布展、公司形象颜色协调的便服，印上公司 Logo，与展品和布展互相呼应，凸显参展企业的专业性。

除此之外，还应注意以下几点：

□ 参展国/地区风俗礼仪和行为规范礼仪。

□ 你在展会里对参观者的态度很大程度上预示着你日后在生意来往中的态度，显示出你真正关心来访客商的需求可以令他们对日后的合作充满信心。

□ 在展中，展台工作人员不要在展位里吃东西、吸烟、嚼口香糖或睡觉，应保持端庄的职业形象，以充满活力的姿态向参观者推介公司产品，通过目光接触或友好、邀请性的手势吸引潜在客户。

在展位里与其他同事闲聊或坐在展位里看书看报、吃东西甚至打瞌睡，无异于对往来的客商说：“没空！我正忙着呢！”

□ 避免双手抱胸或双手插衣袋，这被认为是在拒绝来访者，是不尊重他人的姿势。要随时准备与人握手，肢体动作要表现出想要邀请来往客商参观展位的诚意。

拒绝来访

□ 参展期间要避免接打过多的私人电话。不恰当电话的每一分钟都会减少与潜在客户交流的时间，从而直接影响企业在展会上的投资回报率。

展中过多的接打电话

□ 常见的商展中的负面行为还有背对过道、吃午饭、睡午觉、吸烟、展位内空无一人、提早收摊等。

吃午饭

睡午觉

打瞌睡

背对过道

□ 在展中不要蓄意贬低竞争对手，尤其在与不同的客户交谈中。对每一个走进展位的人都要同样地尊重，只有这样才能发展长远的商业伙伴。

□ 不要见人就发资料，这样做是徒劳无用的，而且费用不菲，更何况你也不想让成本很高的宣传资料白白流失在人海中。

团队工作理念

一个参展团队的配合度（Team work）决定了这个企业参展能否成功。团队成功所具备的技能与单纯强调个人能力不一样。一匹马单独可拉 800 公斤，两匹马合作一起可拉 1 800 公斤，受训后可拉 2 500 公斤。因此，团队理念的培训十分重要。

培训中必须重视的要素：

□ 设定团队目标

□ 明确参展职责分工、团队合作

□ 团队的成功置于个人成功之上

□ 提倡乐于帮助同伴成功

□ 积极分享经验、体会

□ 不抱怨，提出建设性建议

□ 利用共享信息合作

个人计划技巧

明确参展团队成员各自参展任务后，应对参展团队成员进行如何有效设定行动计划和时间管理的培训。这样他们可以在繁忙的展会中有条不紊地处理各项业务。

（具体方法和技巧请参照第一章第三节中“设定团队和个人 SMART 目标”的内容）

电脑运用技能

由于台式计算机和笔记本电脑在 B2B 的展会上和日常贸易交流中的运用越来越广泛，如今很多公司开始对其参展人员进行计算机应用能力的培训，使展台人员能运用软件来处理业务工作，帮助他们在展中专业地接待客户，提升效率。如：

□ 利用条码器管理展品

□ 制作、打印专业的报价单

□ 制作电子目录

□ 利用电脑配合操作演示

□ 按客户预约制定接待日程

□ 分配接待客户的时间

□ 利用互联网查询信息

□ 发送邮件

□ 提交报告

□ 跟进客户

商展布展知识

参展人员必须学习参展技巧与手段，这使他们能够在展后提出改进建议，完善展位。

□ 如何选择专业的 B2B 商展。

□ 如何有效设计展位、展品、海报、目录。

□ 与贸易有关的法规、知识产权、贸易法规、商业法规、海关规定、保险规定。

(具体方法和技巧请参照第六章“如何设计有效的展位”)。

营销推广知识

让参展人员学习公司的商展广告、宣传资料，了解公司推广的目的、用途、公司定位、产品定位和品牌定位，方便他们在展中锁定目标客户。

(具体方法和技巧请参照第五章“商展的推广与促销”)

国外参展培训要点

企业去国外参展时下列要点不容忽视：

□ 预先了解参展国信息、市场情况、消费习惯、文化习俗、交往礼仪。

□ 参展前要了解展览会的主题，即它的主流商品和它的主流观众，做到展品对路。

□ 安全保证。

□ 装潢/包装设计。

□ 展台设计、布置十分重要，要利用幻灯片、大屏幕投影电视等声、光、电的现代手段来招揽观众。

□ 在布置上避免展品过多，没有重点，方式过于呆板，布置展品要少而精，突出重点。

□ 要认真了解参展国的有关法律和法规。

□ 以较活泼的形式宣传主要卖点。

□ 展览的广告宣传至关重要。

□ 具备能使用参展国通用语言的能力。

竖立“本摊位能用××语交流”的牌子，消除客户的害羞心理。

□ 准备参展国的当地语言目录。

第三节 训练方法

展台人员的培训工作应当列入展出工作计划之中，作为展前准备的主要工作之一。

培训工作可以在选定展台人员后立即着手进行。请参照上述建议的培训内容进行培训、辅导和训练。培训形式包括如下几点。

系列培训

1. 使用教学辅助工具

培训时间为1～3天，最好利用样品间作为会场，培训方法要尽量正规。越正规，越显示组织者对其的重视。培训中要尽量使用教学辅助工具，比如投影仪、讲义等，授课培训与书面资料相结合，培训材料应编印成套，发放给接受培训的人员。

2. 由工程师、研发人员提供培训

为了确保展台人员熟悉公司展品，以满足不同客户的需求，展前请安排公司工程师、研发人员给展台人员培训，使其了解更多的专业知识。

脚本练习

针对公司的优势、产品的特点及带给客户的利益，参展团队应写出时长20至30秒的统一脚本。训练展台人员进行脚本练习，让展台人员重复练习，以取得在展台上统一口径的效果。

脚本内容包括如何快速与客户打招呼的开场白、如何在一分钟内介绍公司及展品的优势、发问了解客户的进一步信息及如何评估客户是否是潜在客户等技能。

角色扮演训练

1. 角色扮演的意义

经过书面及讲解的培训后，参展团队的培训应将重点放在实战操作演练上，在实践中检验学到的知识。

角色扮演的实战演练是一种模拟实战销售的演示训练方法。通过这种方式可使展台人员完善销售技巧、全面了解个人实力、发现培训中的问题、解决实际问题、快速掌握新的销售技能、增强销售信心，是参展团队展前训练的有效方法。

2. 角色扮演的方法

有组织的事先用书面或口头方式交代“主题及要求”，然后个人用抽签或分配的方式选主题。主题包括：

□ 开场白

□ 介绍公司和展品

□ 展示公司展品

□ 发问和倾听买家需求

□ 鉴别真假客户

□ 面对面运用目录谈判、报价

□ 客户问卷采访

□ 应对同行刺探军情

□ 回答专业问题

□ 接待客户礼仪

参展人员选择上述主题后有 6 分钟准备时间，然后用 5～10 分钟扮演展台销售员，经理扮演客户挑战该销售员。其他销售员作为观察员，任务是观察和记录。

每个销售员完成角色扮演训练后，大家要分别给予该销售员反馈，包括优点、缺点、改进之处。用此方法轮流训练来取得很好的参展效果。

可以先请资深员工或销售经理示范演练，让其他销售人员学习参照。指定示范者要力求表演的真实性，达到示范的目的。

在参展人员之间展开角色扮演竞赛，评选出优胜者，给予奖励。

此外，委托专业的培训公司安排专业的展览培训和训练，已被越来越多的参展企业采用。

第五章 商展的推广与促销

第一节　制订商展推广计划

商展推广的重要性

为什么要进行商展推广？商展主办方的一大职责是将关联的参观者（买家）请来。但是专业的买家来到展会上关注什么，到哪里去洽谈，时间如何分配，主办方是无法控制的。作为参展商，这时你的责任就是去告诉买家你在哪里，本次的展品是什么，有什么独特卖点，你为什么要来，可以给你带来什么好处。

调查显示76%的专业参观者（买家）在参加展会之前就有固定的日程安排和明确的重点关注目标。如果他们不清楚你在哪里、展出什么，那么你在这商展的茫茫大海中被找到的机会将十分渺茫。所以，强势的展前、展中推广十分必要，这将使您的老客户和潜在客户了解您所要展出的产品和位置，并把拜访您列入他们的参展行程计划中。

商展推广方案

展会的推广计划及促销活动可以分成三个步骤：展前推广、展中推广、展位现场推广。它们相互依存，互相配合，是商展成功不可或缺的组成部分。

请在商展举办前的6～9个月制订你们的商展推广计划，包括展前推广、展中推广和展位现场推广的各个推广项目。

□ 展前推广是指展前针对该商展的各类推广和促销。

■ 针对参展商客户数据库中的不同级别客户，发不同形式的个人邀请函，计划发出邀请函的数量和时间。

■ 利用客户数据库进行电话推广和利用主办方资源推广。

■ 广告推广（贸易出版物、当地媒体、互联网和直邮广告）。

■ 互联网上推广计划（参展计划、预约客户拜访计划）。

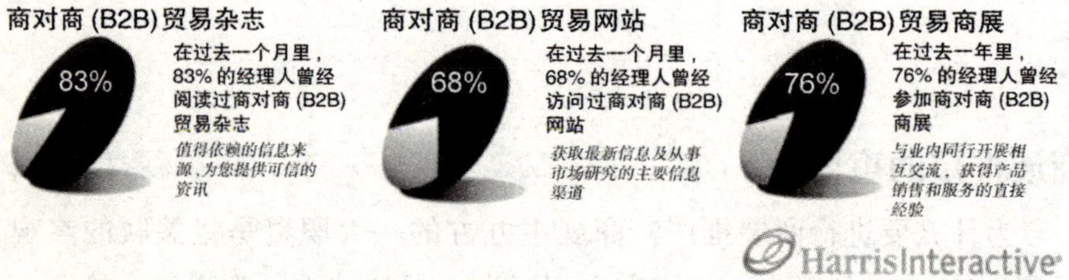

□ 展中推广指展会中的赞助广告推广，如展会现场广告、户外广告板、酒店电视广告、运输广告、展会每日广告、酒店房间推广、展会目录广告及研讨会、开幕式、闭幕式等公关活动。

□ 展会现场的推广活动指展会现场赠品派发、展品演示、表演等促销活动。

下面就展前、展中和展位现场如何推广，展开分享一些方法和技巧，供各位参展商在参展计划和参展中参考。

第二节　展前推广

发送邀请函推广

在参展前 2 个月分别开始给老客户、数据库中的潜在客户、上次参展留下联系方式的目标客户发出邮件邀请函，并介绍要来参观你的展位的理由，说明可以给他们带来的利益。邀请函内容包括：

1. 展会名称

2. 展出日期、时间

3. 展出地点

4. 展厅展位、展区、厅、展位号码

5. 展示内容 /展位特色【会展活动的具体内容介绍，包括新产品推广、新服务介绍、展会期促销活动】

6. 个性化约会安排【产品推广展示、疑难问题解决、高层会谈】

7. 联系人【电话、邮件、即时沟通平台】

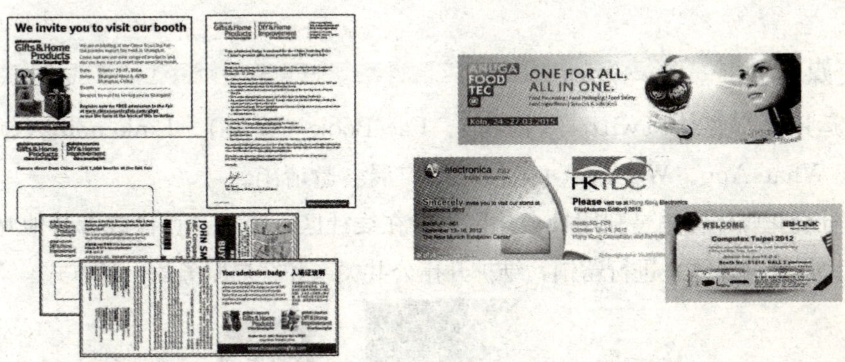

邀请函、DM 推广

邀请函准备要素：

□ 告诉你的展馆及展位号，同时附上你们的展位效果图方便客人拜访。根据会展活动设定的举办日期、结束日期 、举办城市、地点进行描述，气候、温度告知。

□ 附上参展团队照片及成员名称。

□ 告知客户你展出的优势，卖点，带去的样品种类，以及他为什么要来，你能提供哪些个性化服务、新产品、新样品、新信息。

□ 告知客户展会现场的优惠、促销、抽奖环节等等，这些都是吸引客户用的。总之，要突出你的特点，你的优势，你的吸引力。

□ 告知客户我们入住的酒店，方便客户联系我们。

□ 拿到客人在展会期间的手机号，或者酒店号码，这样方便我们跟进客户。

□ 与客户约定来访时间或面谈时间。

□ 预约与老客户、重点客户在商展期间具体会面的时间，邀请邮件一定要个性化，锁定客户的兴趣，手写邀请函也是笔者推荐的方法之一。许多买家展会期间的日程安排很紧，只有极少时间或根本没有时间参观不在计划之中的展位。因此，尽早将会面排上买家的日程是非常重要的。请销售人员确保至少在参展两周前用电话再次邀请重点客户，并确认会面安排。

□ 其他目标客户的邀请可采用直邮信件，按不同的时间段多次发送，两个月、一个月、两周，在此期间发送的邮件至少包含一次平信。邮件内容按时间段不同要有所变化。

社交媒体推广

运用社交媒体 Twitter（推特）、FaceBook（脸谱）、Linkendin（领英）、WhatsApp、WeCheat（微信）推广展会邀请函。

社会化媒体营销是利用社会化网络、在线社区、博客、百科或者其他互联网协作平台媒体来进行营销，维护开拓公共关系和客户服务的一种方式。

电话推广

通过电话推广（Telemarketing）邀请客户也是目前值得推荐的一种营销手段，是个人邀请客户最有效的方法。但必须针对不同客户准备不同版本，因为进口商、批发商、零售商、OEM 商、制造商的兴趣和利益各不同。同时，由于接电话人的职位不同，兴趣也不同，你必须从他们的角度出发，来阐述你的展位参观可以给他们带来的利益。

利用主办方资源推广

现在展会的主办方在展会期间都有用来宣传该展会的官方网站。参展商不妨利用这些网站为公司的展品和服务在展前两周、展中和展后进行更长时间的宣传，利用产品曝光来推广展位，吸引专业买家。同时可以利用的还有主办方提供的直邮 DM 服务、邀请函、会刊广告等。

大会主办方视展位面积的大小分配给每个参展单位一定数量的展览邀请函和开幕式请柬，这给你提供了联系客户的机会。你可以列出主要客户名单，将邀请函和名片一起寄给他们，邀请他们前来参观。

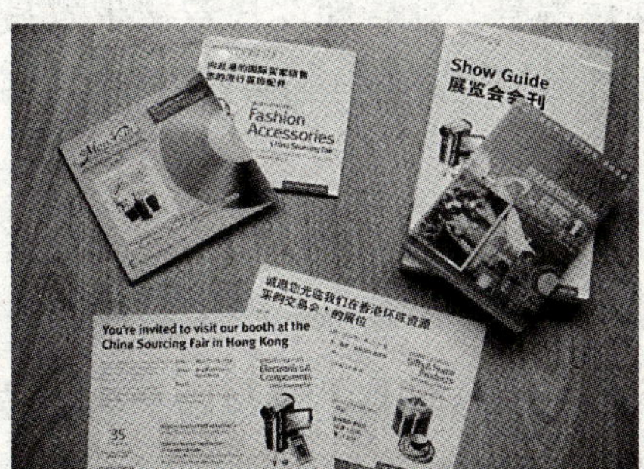

贸易杂志、商业报纸推广

参展商可以在参展前的 2～3 个月通过在海外发行的专业贸易杂志、

海外发行的专业贸易杂志

商业报纸上刊登广告的方式宣传，宣布将在展会上发布最新产品，提醒和邀请目标市场的客户群。

已经在专业贸易杂志上推广的参展商可参照下列方式在广告上标明商展名称、日期及展位编号。并告知客户若携带贸易杂志上的广告到展位来，可免费获取小礼品。在展位上张贴海报吸引客户，在设计上注意要与公司的形象统一。

商展网站推广

参展商在展前应利用专业的 B2B 贸易网站或自己的企业网站设立专门的商展页面，简洁有效地推广参展信息。

以下介绍 10 种实战方法，帮助你有效利用互联网站推广商展：

□ 在网上发布公司整年的参展计划，包括次数、时间、地点、名称，方便买家选择。但不要一成不变，注意及时更新信息。

□ 商展网页在展会开幕前两周开通，及时更新信息，保留 3 个月。

□ 在专业贸易网站上与你公司的商展网页建立超链接（Hyperlink）。

□ 在网页上列出你公司本次参展的卖点、亮点，包括赠送的礼品、赠品，不管展位面积大小，并上传展位图片。

□ 将本次参展人员的工作照片上传，方便买家辨认后与你沟通。

□ 在网站上展示你的本次展位路线图，包括展馆、摊位号码。

□ 鼓励买家预先注册，获得通行证。

□ 在网站中与买家预约来展位的拜访时间，方便买家预先安排拜访计划。

□ 如果你对本次商展有赞助项目，请在网站上标明或链接主办方赞助网站，让买家预先知道。

□ 向客户发出电话邀请。很多买家没来到你的展位不是因为他们对你的展品不感兴趣，而是他们从来没有被邀请过。

利用商展的网站推广

利用媒体资源

不少参展商往往会忽略媒体采访、宣传的广告效应。有效地组织和接待相关媒体采访越来越被参展商重视，因为它能很好地对你的公司、展品、业务进行推广，增加你展台上的人气和受关注度，这势必会吸引其他现场参展的买家前来关注。

利用媒体资源推广

一定要安排专门工作人员作为你的企业与媒体之间的联系人或协调人，这样就可确保对自己企业的宣传始终保持一致口径，建立专业形象。

第三节　展中推广

在“展览会会刊”上刊登广告

B2B商展参观者注册后就会领到人手一份的展览会会刊（Show Guide)。参观者会把会刊作为参展指南，寻找目标客户。

每个商展都会出版会刊或参展商名录，其中会免费列入每个参展商的名称、地址、电话、联系人，甚至产品介绍，它是展会的延续。那些在展会上没有看到你，没有来参观该展会的买家，都可以在会刊中找到你们公司的名字。在会刊上刊登广告，这种方式对参展商来说非常经济实惠。在上面刊登广告、标明展台号码，能吸引买家第一时间来到你展台洽谈生意。

参展商手册（Show Guide）

参展商手册

产品展示橱窗

产品展示橱窗（Show Case）如图所示，它是一种橱窗形式的展示平台。一般都陈列在商展中客流量较多、较显眼地方，如进出口、大厅、

Show Case

楼道、走道等人流必经之处。其目的是展示相关参展商展品，吸引买家来到他们的展位。在展示橱窗上方有醒目的展位号码、公司名称，以方便买家查找。

展示橱窗也能引导买家找到那些展位较偏的参展商，提升参展商在买家面前的曝光率和交易的成交率。

行业研讨会/技术讲座

举办研讨会、技术讲座也是商展中的主要推广手段之一。展会期间可以以公司名义举办行业研讨会，也可以与行业协会联合举办，或赞助主办方举办，以突出你的专业性和目标市场的细分。参展商也可以要求在展会期间举办一场或者多场讲座。这些有备而来的参加者、专业人士是你开发客户的良好资源。研讨会后能吸引更多专业买家来到你的展位。

举办研讨会必须预先与主办方商量规划，通常在交纳规定的费用后，大会主办方提供会议室和基本的会议设备。可以利用主办方的资源邀请客户，发出提示通知。

技术讲座

展中的赞助机会

展会期间的赞助除了某项具体活动外，还有展会内外会场的广告，包括条幅、横幅、旗帜、手提袋、气球、接待室、招待会、晚会等。有经验的参展商会尽早占领有利的位置。

利用气球也是一种很好的推广方法。笔者曾见到一家参展商在户外的气球上印上公司名称、联系方式。气球的颜色与公司的形象颜色统一，而且气球的形状与产品形状相同，这样独特的展示起到了促销作用。

现场气球广告

现场横幅、旗帜广告

现场彩虹门广告

手提袋广告

参展商可与主办方联系或通过参展商手册获取你能赞助项目的信息。

产品推广演示会

展中有不少的主办方会举办技术报告会和新产品演示会，这类活动一般会设在人气较旺的区域举行，参展商应有效运用这种展中推广的机会，将公司名称、展位号码在演示中体现出来。

展会的最大特点就是在短期内汇集各地的专业观众。如果能够抓住这一时机，以报告会和演示会的形式，及时、全面、详细地介绍公司的最新技术和产品，不仅在最充裕的时间内向最广泛的客户做了宣传，而且也从另一方面提升了公司形象。

新产品演示会

利用模特、杂技、魔术展示展品

如何让客户来到你的展位，在娱乐的同时又接受了你的促销呢？

以下方法可供参考：

□ 杂技、魔术能吸引不少客户，被较多商展运用。

□ 请漫画艺人为重要潜在客户画快速漫画，然后配上印有公司 Logo、联系方式的相框，作为礼品送给客户。

□ 利用走高跷演员、机器人在展厅过道走动，传递展品相关信息。

□ 如你的展品涉及服饰、箱包、首饰、围巾、皮带等便于展示的消费类产品，则要使用模特展示或安排专场表演（Parade），以引起参观者的兴趣，增加他们的成交欲望。

□ 参展商也可以结合你的展品特点，利用公关策划展示展品。

模特展示吸引客户

杂技、魔术吸引客户

魔术吸引客户

邀请客户合影

用一张巨幅的风景画作为背景，象征着该公司将改善人们的生存环境作为奋斗的目标，展台上两位美丽动人的小姐带着微笑和来宾合影，一位专业摄影师用一次成像的相机把这一幕变成永恒。

邀请客户合影

利用重要的活动

商展的开幕式、专场研讨会等是展会最重要的活动，既有新闻价值，也有商业价值。对于一般参展商，重要的是利用其商业价值。重要活动前后，尤其是开幕式或者专场研讨会散场后的几小时是关键的时刻，展台一定要切实安排妥当，确保展台人员全部到位并着装整洁、精神饱满，时刻准备接待客人进行业务洽谈。

关注 VIP 买家

关注重要活动

第四节 展位现场推广

礼品、赠品

1. 选择展台礼赠品必须考虑的点

☐ 是否与公司的形象、展品吻合

☐ 能否将公司的联系方式印上

☐ 是否与预算匹配

☐ 能否赶在参展期限内到位

☐ 礼赠品有什么与众不同的特点

选择展台礼赠品的创意点子有很多，大家不妨参照上述原则集思广益，如印有本公司展品的环保购物袋、当地的地图或本公司展位地图等。

2. 展中运用礼赠品的技巧

有效地发放礼赠品能提升公司的市场营销影响力。

☐ 不要放在桌子上让人任意拿取，这样会显得分文不值。建议销售员在与潜在客户沟通后，经过评估觉得值得发放再双手提交给他们。通过发放礼赠品，你的展品容易被客户记住，同时也让客户感受到你对他们的关注。

□ 针对潜在客户，可以让他们先填几项名片外的内容，然后再发放。

□ 针对邀请来的老客户，笔者建议应准备不同的礼品，用礼品袋包装，写上客户公司的名称，交流结束后双手递交给客户，这样做会感动客户。

□ 在展前给客户发的邀请函内包含礼品的赠券。

□ 通过安排抽奖发放展会礼品。

商展礼品

挂绳、胸卡

一些参展商十分巧妙地在挂绳上做文章，在现场将印有自己公司标志和名称的挂绳免费派发给参观者。由于这些挂绳通常都制作精美，所以大部分参观者得到这些挂绳后都很乐意挂在自己的入场证上。参观者佩戴着这些醒目的挂绳在场内走动，等于许多流动的广告牌在免费为该公司做宣传。

挂绳

胸卡

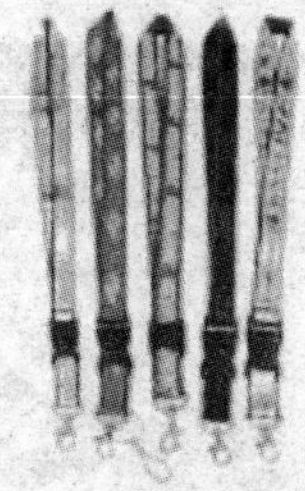

挂绳

小册子

有的参展商在制作公司介绍、产品介绍的小册子时，利用不同版面介绍展会当地的交通、旅游、食宿、风俗等情况，免费派发给展会参观者。一部分参观者远道而来，参观之余确实想到周围走走，这些小册子正好能帮上大忙，因此十分受欢迎。这会间接地提高展位的访问率，也会使参观者对印制和派发这些小册子的公司产生好感。小册子尺寸以 9mm× 21mm 为好。

小册子

展台人员的服装

展台人员的工作服装也是重要的现场促销工具，但往往被很多参展商忽略。

无论是大公司还是小公司，展会期间都应穿正式服装。在展位里每个展会人员都是公司的发言人，代表着公司的形象，另外，正式的着装也表达了对参观者的尊重。

如果展台人员能穿着与企业形象、展品吻合的参展制服，体现一个企业的特色和专业服务，效果会不同凡响。

展台人员的制服

主动派发

如果你的服务和产品适合大部分参展商，建议你主动出击，离开你的展位去展会现场派发名片、宣传册、光盘。

现场演示产品

展品本身大部分情况下并不能说明全部情况、显示全部特征，需要使用图表、资料、照片、模型、道具、模特或讲解员等真人实物，借助装饰、布景、照明、视听设备等手段，加以说明、强调和渲染。

展品如果是机械或仪器，要考虑安排现场示范，甚至让参观者亲自动手；如果是食品饮料，要考虑让参观者现场品尝，并准备小包装免费派发。这些都是为了引起参观者的兴趣，增强他们的成交欲望。

会议设备

你可以预先甚至临时租用会议设备。举办活动及租用会议设备是为了吸引观众。参展商可以在展位内举办小型活动，如小型产品讲座、技

现场示范

现场展示展品

术讲座、有奖活动、发送小纪念品，甚至是新颖的文艺演出。总之，应在有限的时间、场地和经费预算内取得最好的宣传效果。这些活动所需要的设备，包括上述会议、技术讲座所需要的设备，如声像设备的大屏幕电视、电视墙、音响、舞台灯光、电视、录像机、VCD、DVD等。

展中视听设备

第六章 如何有效地设计展位

首先，对参展企业来说要量力而行，确立公司的展位标准，选好展位的位置，设计好展位的造型及布置好展位。其次，要从能否提升企业知名度、增加销售、维持老客户、开发新客户、掌握最前沿的市场信息的角度去评估展位设计的有效性。

确立展位的标准，选好展位的位置，有效设计和布展，这是参展商必须首先考虑的三个问题。这三步棋怎么走是参展成败的关键!

第一节　确定展位的标准

展位的标准包括参展商计划所需要展位规格的大小、准备租用场地的大小以及资金投入的多少。

大部分展会是在专用展览场馆举办的。展馆最简单的划分是室内场馆和室外场馆。室内场馆多用于展示常规展品的展览会，比如纺织展、电子展等；室外场馆多用于展示超大超重展品，比如航空展、设备展。

标准展台

在展位的大小方面，一般遵守的原则是大企业大展位，小企业小展位，中企业中展位。

什么是大展位、小展位和中展位呢？按照国际标准化的展位规格：9 平方米（3m×3m）为一个标准展位。这种展位适用于一个小型企业参展或某一个单项性产品的展出。

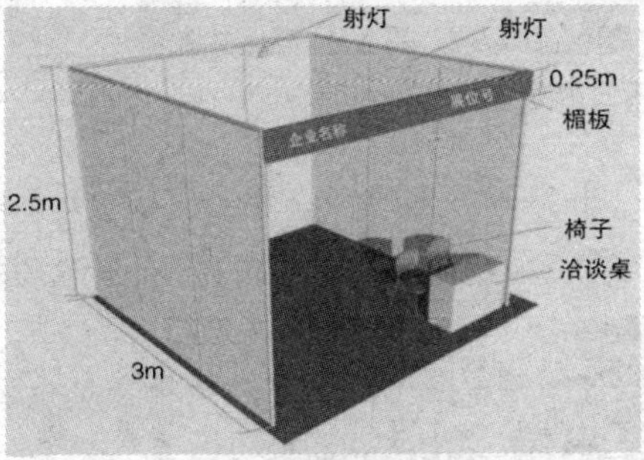

9 平方米标准展位

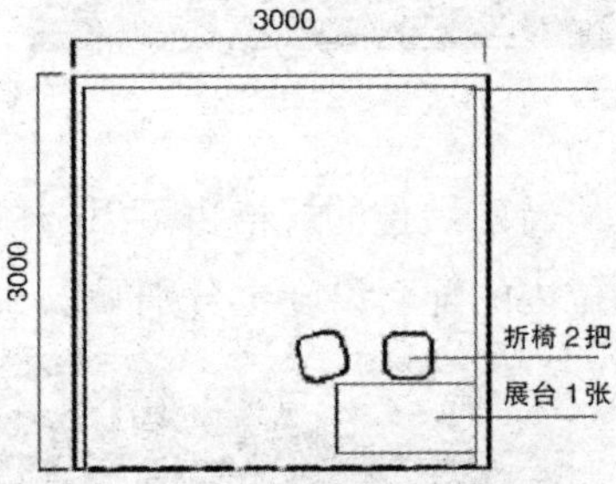

3m X 3m标准展位的平面图

主办方负责标准展台的搭建并提供展示所需要的基本设施，包括：

□ 中文楣板一块（转角位提供两块），刻写楣板，楣板文字是你填写在展览表格内的单位名称，主办方要统一字体和格式。

□ 三面白色围板、地毯。

□ 一张展桌、三把椅子或一张咨询台、两把椅子。

□ 一个 220V/5A 电源插座。

□ 3～5 个固定在展墙上的射灯。

□ 有些展台还带有锁柜和搁板。

特殊展位

在标准展位中，有一种特殊的展位（下图）——位于每行展位的顶端，它最多只有两个展墙，但有两个甚至三个面可以面对着观众行走的通道，让商户能接触到更多的参观者。因此，你越早申请参展，就越有机会向主办者寻求该种展位。

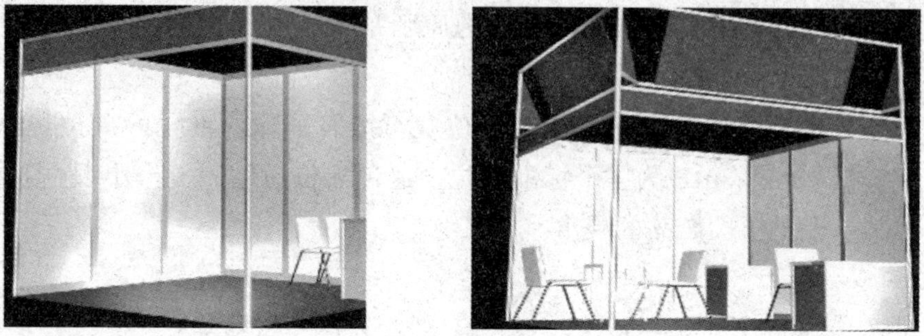

9m² 双开口展位

特殊展位的规格也可以选择 3×3（平方米）×2、3×3（平方米）×3。展位内的配套设施也分别乘以 2 或 3。参展企业可根据自身的需求来选择。

3×3（平方米）×2 标准展位

特装展位

超过 4 个或 4 个以上标准展位的面积时，你可以选择购买光地展位——36m²（6m×6m）、72m²（6m×12m），自行设计和搭建，装修则可以根据公司的产品特点、技术特点、市场定位、展览期间的活动安排做出别出心裁的独特装修，最大限度地提高曝光率，吸引买家。

特装展位

选择的展位一定要大小适当、得体。中大型企业则可以考虑 3×3（平方米）×4、3×3（平方米）×6、3×3（平方米）×8、3×3（平方米）×10 或更大一些的都可以。这要根据参展的实际情况和展出内容的多少来确定。如果企业实力强，展出的内容多，应选择大展位。小型企业选择 3×3（平方米）×1、3×3（平方米）×2 即可。

特装展位

决定展位面积的因素

1. 影响因素

在决定展位的销售面积时，下列因素必须考虑：

□ 本次参展目标

☐ 企业和产品推广的形象需求

☐ 本次商展需展出的展品数量

☐ 预期来到我们展位的买家数量

☐ 展台人员的数量

☐ 一位销售员与客户谈判需求的半私密空间应为 5 平方米以上

☐ 咨询台、储藏空间、招待区的设置

☐ 符合本次商展的预算

2. 如何计算展位的销售面积

如 3 天中预估会有 1 500 人对我们展品感兴趣，则计算如下：

总记用时 24 小时（3 天×8 小时 ＝ 24 小时）。

按平均 3 到 10 分钟接待一位客户计算，需要 5 个以上展台接待人员。按每位展台人员需要 5 平方米以上的半私密接待空间计算，展位面积应达到 25～30 平方米。

销售谈判所需的半私密空间

第二节　选好展位的位置

展位的位置决定了参展的效果，因此如何选择合适的展位是参展计划中重要的一部分。首先要考虑参观者活动的方式、人潮在整个展会中移动的方向、习惯走势，再依此挑选摊位。

同时，展台的位置也是由主办者全盘规划的，按照产品和服务的内容、行业、地区等因素安排，或者是以展位费的多少来区分位置的好坏。一般主办者提供的展位图上都标出了哪些位置可供选择。所以越早将参展申请表格递给大会主办者，越容易选到好的位置。

选择人流量高的区域

参照展位图，笔者建议首选下列位置：

□ 入场登记区域、开幕式两侧。

□ 主要入口处的正门口及两侧，主要出口处的后门口及两侧。

□ 位于前端、尾端的展位，主要人行干道的两侧或“十”字干道的中心四角处。

□ 靠近公用场所的展位，如餐厅、休息区域、公用电话、洗手间、电梯、领奖处。

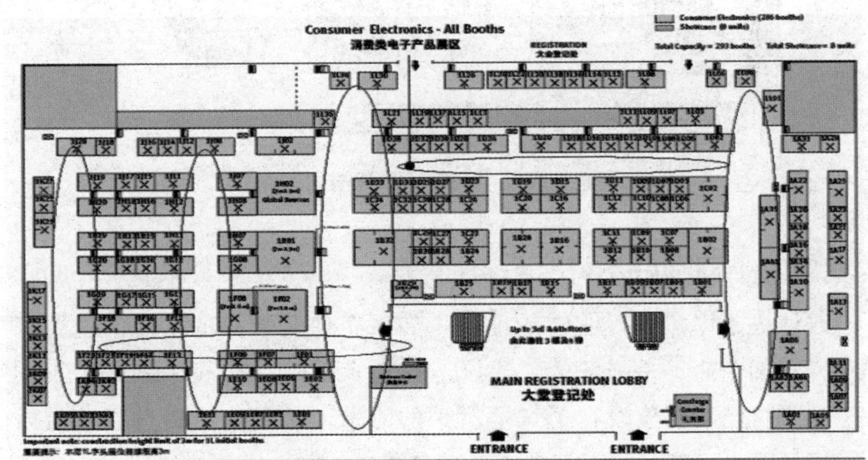

以上画圈部分为优先选择的高人流区域

尽量避免的区域和状况

- □ 柱子、展厅圆柱，这会阻碍视线、人潮
- □ 死胡同，这会阻碍人潮流动
- □ 灰暗区域，在其中无法有效展示产品状况
- □ 头顶有管道的区域
- □ 孤立的会议室
- □ 高楼层展区

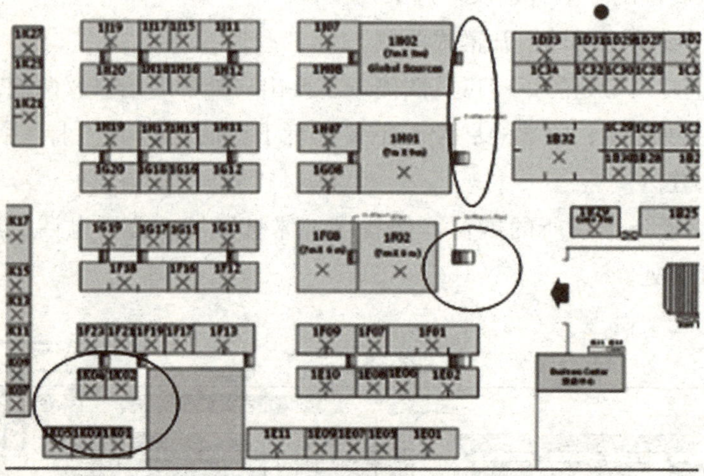

避免展厅中的柱子和死胡同区域

在竞争对手周围好不好

这取决于你在该行业中的地位，如果企业是强势的，任何位置都可以选择；如企业不是强势的，建议选择与竞争对手在同一展区的不同展位。如果自己的展位设在了竞争对手的隔壁，参展商更要将展位有效利用，以展示自己产品优于竞争者的独特卖点。

第三节　有效设计展位

考虑展台功能和展品内涵

在考虑展位设计前，首先必须明确参展的目的和展台所需要实现的功能。包括如何展示公司形象，需要展示哪些展品，期望吸引多少观众，需要多少展台人员，是否需要设置咨询台、演示区、洽谈区、休闲区，需要多大的储存空间等。

笔者在对全国不同的出口企业进行培训和咨询中发现，不少企业负责展台、目录的设计人员与销售团队脱节，设计出的展台看上去美观但不实用，缺乏销售导向，无法达成在展中与买家有效沟通和交流的目的。

展位设计是公司形象的具体表现，因此应该仔细考虑你所需要表达的信息，如公司名称、公司类型、产品类型等，并向设计师明确传达。

在 B2B 商展中，展台可以说是一个企业的名片，其尺寸大小、外观设计必须符合竞争标准，这才能使企业在展会中立于不败之地。评价一个展台是否成功的标准不是简单地看它是否华丽，而是评判它的沟通能力、它所表达的概念及它的功能性和所确定的展品本身的内涵。

随着我国经济的迅速发展，越来越多有出口能力的厂商都积极地参加国内外展览以拓展业务。尽管我们的产品一向以价优物美著称，但不能否认在整体形象上仍不够档次。许多厂家已注意到这一点，同时迫切地感到确实需要改变这一局面。许多厂家在产品的设计和包装上狠下功夫，但忽略了参展时展位的装饰，这也会对产品形象产生较大的影响。

展位设计的基本原则

在商展中通常会有上千个参展商，几千个展位在一起，如何才能脱颖而出，吸引更多买家的眼球？一个设计优良、搭建精致的展台可以让企业最大程度地实现参展目标。展台设计究竟应该达到怎样的效果呢？它必须充分展示参展企业的卖点，让买家看起来赏心悦目，能够充分调动买家的了解欲、购买欲。优秀的展台设计能够提升参展商的社会地位，提升其产品的市场占有率。这就要求设计师必须完成两个任务：首先他所设计的展台模式和展示内容必须明确，要明确告诉买家我们是干什么的、我们要得到什么；其次，必须赋予展台和参展企业一种销售和管理理念。若要达到这两个目的，展台必须具有一定的创造性，同时要从两个方面下功夫：一是展位的整体造型，二是展位的陈列和组合。

展位的整体造型

展位的整体造型一般包括标准展位的造型设计、特装展位的造型设计。

1. 标准展位设计

这是指由展会主办机构为参展公司搭建的模块式展位。这种造型一般较为简单，按一定固定模式统一装修好，一个连着一个，一排连着一排，形成 3m×3m 的固定展位模式。展位配置通常包括边墙板、后墙板、地毯、搁板、锁柜及展商名称楣板，无须参展商再进行装修，只须将展品一一摆放好就行了。标准展位比较适合首次参展、注重成本控制的参展商。

标准展位

联排标准展位

2. 特装展位设计

它也称光地搭建，要求注重商品的展示和服务，设计上完全突显参展商的个性。适于要求完全按自己想法设计搭建展台、展示独特展台风格的参展商。一般是全开放式，参观者可从各个角度接近展品、宣传海报、屏幕和其他设施，甚至可自取资料，使参观者没有距离感。

公司展台人员站在几个主要路径，分别向来自不同方向的参观者介绍产品，并且可以安排即时的促销和产品介绍活动。

特展的展位设计一般是由较有实力且较具创意的展览工程公司为客户量身定造，所选材料多为木制品，优点是可因地制宜，通过千变万化甚至超乎想象的造形充分体现企业和产品的形象。新颖的设计总能带来令人赏心悦目的效果，让参观者驻足并留下深刻的印象。但其存在不足之处是一旦成形就不易改变，而且单次使用价格较昂贵，又因场地个性化等因素不能重复使用。

全新的循环展具概念

目前，在国内外的一些著名展会里，我们看到国内的参展商几乎都采用上述两种传统的展示方法。有实力的参展商往往是不吝投下巨资请展览工程公司量身定做特装展台，以展示其实力，但大多数中小企业参展商仍停留在“三板一桌加三凳”的标准展位水平上，这样的展位必然

注重风格的特装展位

注重展品展示的特装展位

注重形象的特装展位

会使参展的效果大打折扣。据统计，在展中买家路过我们展位只有短短的3～5秒钟。如何在这短短的时间内有效地吸引这些买家，令他们对展品留下深刻印象，除了产品质量和新颖的设计外，别出心裁的展位设计和装潢也是不可或缺的。

目前，在欧美国家的参展中，特别是德国的参展企业往往使用全新的循环便携式展具、循环租用式展具和模块展具来打造展台设计和搭建的新概念。

下面我们就针对目前国外商展中较流行的循环便携式展具、循环租用式展具及模块展具做些介绍，为国内参展企业提供一些参考。

1. 循环便携式展销方式

□ 构架支撑展示

这种展具最普遍，常常用可折叠的轻便支架辅以喷涂精美的宣传图片，打造出流畅的整体线条且不拘于传统的三面围板式结构的束缚，能较突出地体现公司形象和传递产品信息。这种展具的优点是价格便宜、便于携带，用于布置 3m×3m 标准展位的展具拆卸折叠后一人就足以搬动，十分适合长途运输到国外参展；外观上，可在结构允许范围内改变形状，也可以通过更新宣传图片以配合新产品宣传。不足之处是变化不及器材多样。总的来说，对国内一般参展厂家来说，较适合使用这种便携式展示用具，只需不多的投入就可打破传统的形象宣传方式，而且可循环使用，这确实是种不错的选择。

构架支撑展示

□ 桌面上展示

如图所示，展品放在桌面上展示，这种展位采用柜台式布展，展品和材料都放置在长条桌上，公司参展人员站立其前或其后，观众从一个方向流动向另一个方向，有兴趣者会停步观看。桌面上的展示通常与标准展位的三面墙板结合使用，是花费较少的一种展示方式。

桌面上展示

□ 面板式展示

由塑料组成的折叠式屏风展示板，可以按场地不同组成弯角、弧形等不同的形状。配合灯光照明，用于展示不同的产品。

面板式展示

□ 图示面板式展示

同上述面板式展示基本相同，但通常展示较大的图表、图片，配合灯光和视听设备给人耳目一新的感觉。

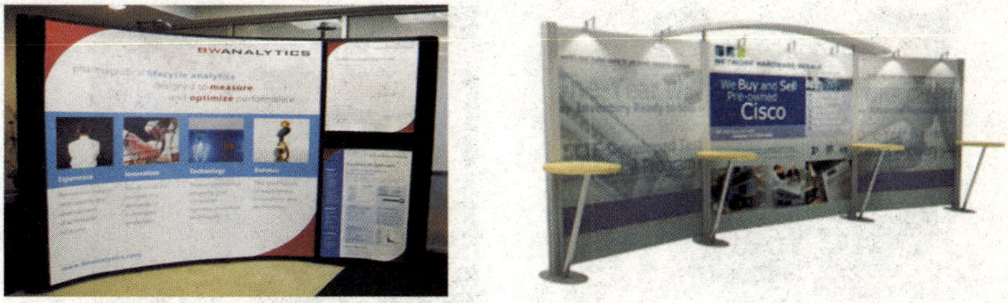

图示面板式展示

□ 循环租用式展具

通常由于材料昂贵，使用者并不会拥有器材的所有权，而是向展览工程公司租用。租用式展具的优点是结构坚固、器材耐用，通过钢制支架拼制造型，三维视觉效果丰富多变而且可随时更改，即使在同一次展会里亦可每日变样。不足之处是价格较高、不易携带。

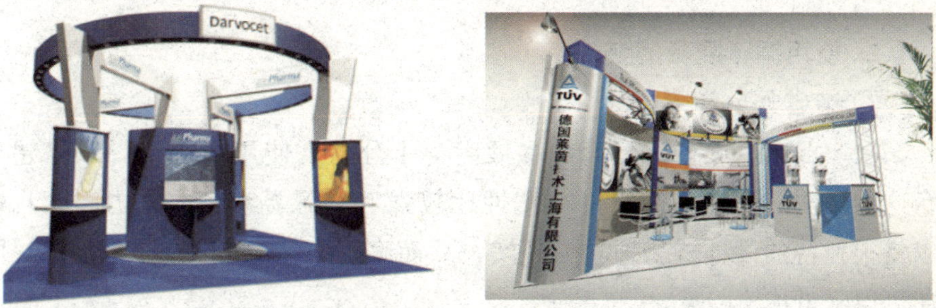

循环租用式展具

□ 模块式展示

模块式展位系统可提供多种不同风格、外型及材质的展位搭建模块，这些设计模块可以互相组合，以适应参展商不同的需求。该系统不仅可快速安装和拆卸，而且可重复使用，可节省聘请专门搭建商进行现场安装的费用，以低成本收到高品质的展台效果。

模块式展示

2. 使用循环展具的好处

□ 节省人力和财力

在实践中，展台搭建商和参展商都十分欣赏使用系统组件来搭建展台这种做法。这种系统组件可塑性比较强，不需要大量的人力，而且可以将很独特的设计轻易地转为现实，从而赢得大量时间。使用系统组件，还可以降低成本。

□ 解决环保问题

展会中 75%～80%的废弃物是在展台搭建和拆除时产生的。现在，越来越多的展会主办者把垃圾的处理费作为一个单独的项目对参展商收费。如何尽量避免或减少产生废弃物和垃圾就成了每个展商必须考虑的经济因素，循环展具的出现，便解决了这一问题。

□ 保障安全

展台的设计和搭建，必须符合安全标准。不管是两层楼的展台还是一面跨度非常大的展示墙，搭建的每个部件和部件之间连接的强度以及各种力量之间的平衡都应该有很高的安全系数。而系统组件在解决展台的结构平衡和牢固方面，可以帮助展台搭建商省去很多麻烦。

□ 展现独特性

系统组件可以根据参展商的意愿进行组合。材料虽然是一样的，但可以确保在不同展会上搭建的展台各不相同。同时，丰富多样的组件材料及足够的技术空间完全能满足展台设计和体现搭建的独特性。

第四节　有效布置展位

展位的陈列和组合

展位的陈列主要分为展示的宣传内容和展示的展品内容。展位组合内容指配套性的展示架、展示台、桌椅、储物空间、地毯、植物、电话、互联网、视听设备和宣传资料、产品演示、影像、多媒体、灯光、色彩等统一的设备。

在陈列中进行摆放与陈列要主次分明，尽量做到主题突出，让买家一看就能停住脚步。同时，必须确保所有的买家意识到公司的产品能为他们所面临的采购问题提供解决方案，从而吸引他们来参观展位。

怎么能在人流如潮的展会上让潜在买家驻足、对你的产品有兴趣，并让买家深信最终的选择应该是你而不是你的竞争对手呢？不妨从以下几个方面入手。只要遵循这些陈列和布展原则，你的参展成功就会事半功倍！

□ 明确的产品、服务诉求点、焦点

□ 商展海报配合展示、确保图片醒目、文字易读

□ 吸引关注、建立兴趣、创造购买欲

□ 保证客商进出的“交通”路径畅通

□ 让客人容易接近陈列的展品

□ 容易获取宣传材料

□ 具备会谈、咨询、展示的功能

明确表述参展诉求

在展位的陈列中首先明确你要展出什么，是新产品、新服务、OEM能力，还是公司综合实力。其次是要明确你的目标客户是谁，是进口商、批发商还是制造商，是技术人员、设计人员，还是采购经理，即你想告诉买家什么，你想得到什么。

从买家的参展目的来看，由于时间有限，首先是拜访一些现场的老客户，同时也想快速寻找和过滤一些采购系列中的新供应商和新产品。他们不会在不相关的产品上分心和浪费时间，所以要求一个规划良好、诉求明确的专业展位，必须在买家路过你展位的短短3～5秒中明确告诉买家：你是谁，你卖什么，为什么要进来，你的产品和服务能带来什么利益，否则买家就会与你擦肩而过，不要以为买家仅从公司名称就能了解你的业务范围！

明确的展品诉求

客户导向的陈列

许多国内参展商在布展和陈列中最大的问题是展位的设计雷同、展品雷同，经常导致来展位的买家张冠李戴。虽然某种程度上是由于主办方的限制，尤其是标准展位参展商很难改变展位的结构，但是很多参展商却忽略了在展位的陈列和布展方面下功夫。

值得指出的是，许多供应商没有有效地展现自己的竞争优势，特别是在宣传畅销产品、新产品以区别其他产品方面。有些供应商的产品陈列寥寥无几，而大部分的参展商陈列过多的展品，甚至有的工厂展示他们生产过的所有产品，使展位显得杂乱无章。

只放少数产品的展位看上去不太吸引人，但是一个展位内产品放的太多也不会使人印象深刻。对供应商而言，确实很难选择。笔者建议取一个平衡数量，然后突出创新产品，这比陈列出工厂所生产的所有产品效果要好。

过多的展品陈列

无法突出展品优势

同时，这也取决于品种多样化是否就是相关行业成功的决定因素。如果可以挑选的产品种类繁多对于客户非常重要，那么，买家希望看到供应商在展台上陈列种类齐全的产品。如果品种多样化对于买家来说并不重要，比如说在日用品行业，那么一两种产品对买家来说就足够了，买家就不需要看到全系列的产品。所以，这还是取决于行业。如果该行业要求品种多样化，就陈列齐全的种类，反之，参展商应该把注意力集中在某一种或几种产品的陈列上。

展示关键的信息十分重要。比如，要让买家看到明确的企业类型、主要产品、新产品和你公司的独特卖点、获得的认证、合作的对象、工厂的地理位置、规模及实力等关键信息的描述或图片，这样买家才会心动。

最有力的广告词“新”

展览会是介绍新产品的最佳机会，如果你的展品中有新产品，应该在展位中予以明显突出，可以找出产品的特点在展中加以强调；如是在原有产品上作改良的产品，可以突出其改良后的优点和方便之处；如果在参展时没有新产品推出，可从众多产品中，挑选几种较具有代表性、较著名、较为人所熟悉或较畅销的产品，作为展位的重点展品，并增加特别的装饰、布置，使观众留下深刻的印象。

要突出介绍或展示新产品、新项目、新发明、新技术、新设备，以及它给不同买家带来的利益。买家在展会上被大量信息包围，最后只能记住非常有限的小部分。千万不要奢望他们会对本企业留下深刻的印象，因此，展台传递的信息务必简洁明了，用数据、事实说话！

方便的交通路径

在展位的设计和陈列布展中要充分考虑展位的流通性，方便的交通路径便于买家自由进出，与我们展台人员面对面地交流。人性化的展品陈列，会方便买家接近和获取宣传材料。展位越开阔，就越能吸引客户进入，给人以自由、亲切的感觉，让人感知后乐意过来参观和交流。

展台设计应避免形成客户的心理障碍，如在展位门口放置桌子限制人流进入，展品的陈列摆放过低或过高，展台人员站在入口处设置人为的障碍。

同时，展台设计也不要刻意引导人流，如果过分刻意控制展位周围的人流，很可能使客户反感。客户走动自由是优秀展台设计的基本原则。

设置障碍的布展

方便买家进出的布展

确保图片醒目、文字易读

一幅图片胜过千言万语，大型巨幅图片、海报、标语配合展位的陈列和展示是必不可少的。

展台后墙的巨幅图片应十分醒目，用以突出表达重点信息。

选用少量、大幅的展示海报，以创造出强烈的视觉效果。太过密集或太小的图片都是不易读取的，不要太强调你公司 Logo。标语也要精炼，突出企业的卖点，强调产品的信息。

参展商应在展位空间里张贴海报，突出表现自己的特长，用以表明自己跟别的参展商不同，这些信息将有效地传达给从展位前走过的买家。而买家要寻找的正是那些巧妙地把自己和其他厂商区分开来的参展商。

文字信息应放置在与观众眼睛水平等高或更高处。英文大小写结合的字体比全部大写字体更容易阅读。如果文字内容比较长，应尽量用短句、分段或间隔宽松的粗体字。不要用反白字，远处不易阅读，建议中文用黑体、英文用 Tahoma 体。（如何有效设计请参照第三章第四节中“商展 POP 如何设计”）

控制海报数量了吗

字体太小不易阅读

反白字不易阅读

统一标准

良好的展台设计要求有十分明确的统一标准，标准必须符合公司形象，色彩、工艺、格调的设计必须引人注目。

强调行业的标准和特点，必须和展会的主题、周围的布展风格统一。

注重环境标准，每个好的设计都不会造成环境污染。尽量采用新产品、新材料、新构造、新技术和新工艺。

设计统一的公司形象

展位如何引人注目

如何在充满竞争的展馆中引人注目？展品本身并不能完全展示公司优势、说明全部功能、显示全部特征，更需要应用图表、资料、照片、模型、道具、模特的配合，结合现场演示并借助装饰、布景、照明、影像、视听设备等手段，加以说明、强调和渲染。

在利用训练有素的展台人员、展前营销、现场推广吸引潜在客户的同时，引人入胜的展台组合往往能为你突破成交障碍。如何在短短的三秒钟内吸引路过的买家？展台的整体设计包括上述视听组合、图表必须引人注目，吸引买家来到展位了解详情。同时海报、标语必须言简意赅。

在展位的陈列组合中有效地利用颜色、灯光、动态、声音和嗅觉五个要素，将会给参观者带来视觉冲击，给买家留下深刻的印象。

1. 颜色

展位颜色和格调的合理设定能让你的展位在众多的展位中凸显，传递公司的竞争优势。

□ 冷色：蓝/绿/白——不强势，但显得专业。

□ 暖色：红/黄/橘黄——吸引更多人注意，但由于太吸引眼球需小心使用，以防被误解。

颜色的搭配可用于展台图片、资料、照片、服饰和小礼品设计。

2. 灯光

有效的灯光运用是使商展制胜的重要策略，对展品的促销起着举足轻重的作用!

事实上，适当的展位照明被认为是展位陈列的重要工具，它能提高展品的认知度、提升企业的形象和市场占有率。

运用不同的灯光设计，结合创新的高科技照明设备将吸引更多的买家。

参展商应根据自己的展位位置、展品的特点选择照明亮度、颜色、角度以及照明灯数量。可见，不论是在哪种设计中，灯光都起着画龙点睛的作用。

3. 动态

动态展品比静态展品更能吸引客人的眼球。有效地利用模特、道具、视频介绍、现场人员演示更能吸引买家的注意。如果你的产品或服务本身无法进行现场演示，应设法为展台创造其他形式的动态效果，例如运用模型、装饰、灯光、影音效果，或旋转式的标志牌和展示架等。

4. 声音

在展中运用视听设备，如电视、电脑、音乐、广告系统、网上目录等配合产品展示。

播放与展品吻合的悦耳音乐，能自然地吸引买家进入你的展位。但需要注意的是别把音量调得过高，以免影响别的展位正常工作。

5. 嗅觉

如果你的展品与香味有关，不妨通过释放诱人的香味来吸引客户。我们在商场里经常看到一些通过释放香味来促销的企业，如咖啡、水果、空气净化器等。

在国外参展时，我们看到几乎每个展台都会摆上糖果，有的还会提供爆米花。我们中国公司不妨带些有中国特色的糖果和糖果器皿，以增强我们展台的亲和力。

标准展位如何引人注目

对于绝大多数中小企业来讲，由于参展企业自身规模、资金能力等的限制，往往只能购买标准展位。那么，拥有标准展位的企业需要在参展中通过注意哪些方面来取得较显著的效果呢？尽可能使用新型的、可重复利用的展台材料，认真研究设计方案，减少不必要的开支。

运用海报凸显展品

组合式展览用具

所以标准展位应该以新颖的设计来凸显自己的小摊位。展台所使用的展品应依展位大小而选择合适的展示用品及参展产品，要善于利用组合式展览用具，把展位装潢得有品位。

展位装饰还可以使用大胆抢眼的颜色，这样从较远的距离即可凸显出来，避免使用易融入背景的中性颜色。

使用大胆抢眼的颜色

使用大型背景板凸显小展位

运用主题产品布展，以新颖独特的产品系列来凸显小摊位，选择合适的展示用品。多使用灯光让小摊位引人注目，通过照明可将展览品认识度提高 30%～50%。使用少数几张较大的海报，创造出强烈的视觉效果，要将图片放在视线以上。

使用陈列架展示

除了产品本身的介绍和推销这些手段之外，还包括广泛的信息传播、交流、广告、公关和咨询等，使观众在了解产品的同时，也在一定程度上加深对企业的印象，激发其好奇心，使他们对展台产生兴趣，进而产生与展览者谈话的愿望。

第五节 展位设计案例评估分享

展位设计案例评估

请完成下列展位和海报设计案例评估，你认为哪些方面做得较好？哪些方面需要改进？在案例下方写出你的理由和建议，然后再参考随后的答案，从不同角度完善你的评估。

1. 展位评估

2. 展位评估

3. 海报评估

4. 展位评估

5. 展位评估

6. 海报评估

缓冲铰链系列
Meaton Hydraulic buffering hinge series
带你步入无声世界
Bring you to the quiet world

7. 展位评估

8. 海报评估

展位设计案例评估参考答案

1. 展位评估

背景信息：

本展位为两个标准展位，共 18 平方米，双开口位于转角处。展品为家纺类产品。

存在问题：

1/2 的展位面积被地毯展品覆盖，阻碍了参观者进出，同时，也无法将公司上百种的地毯款式一一展现在买家眼前；同类展品太多，无法突出公司的优势产品；缺少商展海报配合卖点展示；展中接待客户的椅子被展台人员和展品占据，缺乏友善和亲和感。

改进建议：

☐ 将着地陈列的展品去掉，让展位内留有足够的空间，使买家可以入内参观和洽谈；采用液晶显示屏播放公司不同系列的展品、图案、花纹等，一旦买家对具体播放的展品感兴趣，可以给客户看实物小样的材料和做工。

☐ 减少同类展品数量，配合商展海报，突出公司展品的优势；也可以把绣上卖点文字的工艺挂毯作为一幅特殊的“海报”，既可展示产品又可传递信息，两全其美。

☐ 除此之外，宣传手册的设计、免费赠品的发放、整体布局颜色的选择和搭配、展品的展示方式、展位布局、展位柜台以及灯光、展台人员的表现这些细节问题也需要别具匠心，才能吸引更多的买家。

2. 展位评估

背景信息：

这是一个 36 平方米以上的特装展位，根据参展企业自身需求设计，展品为厨房日用品。

存在问题：

误以为展会就是交易会，将整个 B2B 特装展位布置成一家小型超市。用零售概念来设计贸易商展是很多中小企业参加贸易商展易犯的通病。同类展品陈列过多，担心“断货”。陈列架顶部的包装盒完全没有必要展示；灯光运用随意，直接照射观众；展品在入口处着地乱放，给人档次低的感觉；公司的中文标识被过分强调，占据了视线位置。

改进建议：

□ 明确商展目标。我们参展的主要目的是向国内外客户推销新产品、推出新品牌、维护老客户、开发新客户，同时通过与世界各地买家的接触，了解真正的客户是谁、行业的发展趋势，最终达到推销产品、占领市场的目的。

□ 减少同类产品的陈列，突出新产品、新创意。去掉中间的公司标识展示。一个展位最重要的装饰不是公司的名称、标志，而是能够为买家带来利益的独特卖点，所以要尽量在布展设计中突出产品带来的利益。运用易拉宝、海报等突出买家的关注点，如新产品、新专利、新材料、销往地区、主要合作客户、OEM 能力等。

□ 调整灯光设置，采用不同的长臂短臂聚光灯凸显主要展品。

□ 展品按类别、系列陈列，方便展台人员展示以及对买家进行评估。

3. 海报评估

背景信息：

这是一个展出电子元器件的参展商展位，展品非常小，只有走进展位才能看清楚展品是什么。

案例学习：

该参展商很聪明地运用了两张海报，将细小的电子元器件展品放大了几十倍，使展台外 5 米甚至 10 米处的买家都能看到他们的展品。这种无声的语言传递了“我们是该行业的专家，请进来吧”的信息，真正做到了海报与展品的互补，海报为展品说话！

改进建议：

如果能在海报中突出获得的认证，展品的技术优势、规格、性能等方面，将更完善。

4. 展位评估

背景信息：

该展位位于通道的十字路口处，是双开口的 18 平方米展位。展品是圣诞饰品、工艺品。

存在问题：

该参展商没有有效利用双开口展位的优势。在展位的布展中将一边的通道采用展示道具封住，阻碍了感兴趣的买家进入；展位内展品陈列摆放过于单调，缺乏立体感；灯光与展品色彩没有协调配合；没有文字、图片、海报结合展示；没有有效利用陈列背景板。

改进建议：

□ 将封门道具移至展位内部或中间作为展示架，至少留有 2/3 的通道空间，方便买家进出。

□ 将特色的工艺饰品拍成系列海报或易拉宝，展示卖点以吸引客户。

□ 展品陈列应充分利用人的感官进行营销。配合不同颜色的灯光进行系列展示和立体展示，使买家可以通过视觉、触觉、听觉、嗅觉等进行全面、深刻的感悟。

5. 展位评估

背景信息：

标准展位两个。展出家用纺织品及内衣系列等。

存在问题：

展示展品繁多，无法吸引买家。展品陈列杂乱无章，无主次之分，使展品档次降低。接待人员缺乏主动性和诚意。

改进建议：

□ 一个展位内陈列太多展品不会使人印象深刻。取一个平衡数量，然后突出创新产品，这比陈列出工厂生产的所有产品的效果要好。

□ 建立方便客户进出的“交通”路径，方便买家接近陈列展品。

□ 张贴商展海报来配合展示产品/服务的诉求点。

6. 海报评估

背景信息：

这是张贴于 B2B 商展展位内的海报，目的是为了凸显公司的展品优势，以区别同行、吸引买家进入展位洽谈。

存在问题：

该海报标题是“缓冲铰链系列，带你进入无声的世界”。在海报最显眼的部位画上熟睡的模特，用意十分明确，即使用缓冲铰链系列，不会产生任何杂声，带你进入无声的世界。

表面上看，展品优势明显、卖点突出，但仔细想想，这张海报是给谁看的，要吸引谁？我们的展中客户是进口商、批发商、OEM 商、零售商还是终端消费者，这些买家采购产品时最关注的是什么？

本海报的展示目的是为终端消费者利益服务，而非为进口商、批发商、OEM 商和零售商的利益服务。该海报适合张贴在零售商店里，不适合在 B2B 商展中展示。

改进建议：

标题应强调公司产品是通过什么行业标准、用什么材料制作的或拥有什么专利的缓冲铰链系列。

去掉中间模特展示照片，放大产品照片，使用粗体字说明进口商、批发商、OEM 商和零售商采购这类产品更关注的利益，如你是贸易商还是厂商，能否准时交货，OEM 能力如何，销往哪个市场，主要客户是谁，获得什么标准/认证，产品规格性能/包装等。

7. 展位评估

背景信息：

该展商展出什么展品，是日用储藏架、工艺画、日用家具还是餐具？

存在问题：

本展位存在的最大问题是展出诉求不明确，即展出展品是什么，优势有哪些，要得到哪些客户的关注？其实，该展商真正要展出的是不锈钢餐具。试想，当要采购不锈钢餐具的买家路过该展位时，误认为展品是储藏架、工艺画或日用家具，这些买家还会进入该展位吗？

改进建议：

□ 去掉误导客户的储藏架、工艺画和日用家具展示，突出不锈钢餐具的系列陈列，采用展架、模型、样品、相框式展示，配合射灯、系列海报等多种展示媒体，要将重点放在重要主题的展示上。

□ 海报展品图片要大而简洁，文字突出卖点，色彩艳丽且统一。这样，既可以吸引更多参观者，又能使其对公司留下深刻的印象。

8. 海报评估

背景信息：

该展位展出的是电脑桌，它运用了大型展板广告来展示电脑桌的优势。

存在问题：

展位中的电脑桌本身就够大，能够让买家看清楚展品是什么，因此就没必要在展板上重复出现六款产品。展板展示产品与展位中展品没有起到互补作用。

展板标题“COMPUTER TABLE（电脑桌）”有点莫名其妙，一看就知道的展品为什么还要将它作为卖点标题？

改进建议：

□ 将展板上的电脑桌去掉五款留一款，将余下的空间用文字回答买家购买这类电脑桌时最想了解的问题，如使用材料和包装、OEM 能力、研发能力、专利、销往的地区、客户类型以及 OTD 准时交货能力等。

□ 标题“COMPUTER TABLE（电脑桌）”前必须添加明确的定语，如 ISO14000 Approved Computer Table（通过 ISO14000 认证的电脑桌）、拥有 ABC 专利的电脑桌等。

第七章
展中的沟通技巧

第一节　如何吸引买家进入你的展位

5秒钟心理测试

在展中，当潜在客户经过你的展位时，你只有短短3～5秒钟的时间来吸引他们的眼球。在这有限的时间内，你必须迅速地做到如下几点：

1. 使他们驻足，告诉他们你是谁，你卖什么东西。

2. 使他们对你的产品产生兴趣，告诉他们你的产品和服务会给他们带来什么好处。

3. 使他们对你的公司及团队成员产生信心。

4. 使他们深信应该选择你，而不是你的竞争对手。

非语言的交流

展台人员的肢体语言和明确的展位诉求是吸引买家进入展位的关键要素。

你只有 3～5 秒钟的时间来吸引买方

作为参展商，在展中你的举手投足、衣着打扮、风度仪态等表现出来的非语言交流都会在短短的 3～5 秒钟之内给客商留下第一印象，成为买家是否会走入这个展位的关键因素。

这和所有的人和人接触一样，需要眼神的交流。同时，是否有人准备好迎接、接待客户，你给人的第一印象是“欢迎光临”还是“我很忙”。真诚的微笑及外向型的身体语言都可以传达友好和热情好客的信息。买家都希望自己是受欢迎的。简简单单的一句“请进来看看我们的新产品吧”，足够让客人感到受重视，并愿意接受邀请进入展位。

非语言的交流是指展位装饰、色彩搭配、小赠品挑选、统一制服，宣传目录、POP、展位清洁整齐、参展人员的整体形象和举止，这在展中的交流是无声胜有声的。

展台人员的举止是否专业，决定了能否在开场白阶段就获取买家的尊重。同时，展位人员必须诚实正直、充满自信、拥有专业的产品和服务知识、有了解客户及其需求的技能、能用专业英语与买家交流，这些

专业创新，富有竞争力

我们好累啊

都是促使买家走入这个展位的关键因素，否则买家将会与你擦肩而过。

开场白的策略

当了解或确认客户来自某一国时，用该国母语“您好”作为开场白也是个不错的选择，它能使你快速消除障碍，进入沟通平台。

请参照附录16“展中‘您好’的百种外语表达法”。

1. 优先了解买家背景信息

那么怎样的开场白能吸引买家？展会中由于时间有限，在短短的几秒钟开场白中吸引和评估买家，这对每一个参展商来讲都是个很大的挑战。同时，买家也要在这个短暂的时间里评估供应商的专业性和吻合度。

所以在开场白的沟通中，买卖双方交流一些与产品、专业关联的信息是必不可少的，避免直接销售谈价格。

如果公司展台代表能主动接近并欢迎买家来到展位，然后问一些与专业关联的背景问题，如主动询问客户来自哪里，是零售商、批发商还是进口商或采购办事处，这样就会了解买家来自哪个市场、产品直接或间接转销给谁。当知道买家来自美国，就应该告诉买家公司哪些产品符合美国市场的标准，并向买家展示这些标准及其产品的高品质、专业性和实力。这样买家就会知道你了解他们的市场，熟悉他们的质量标准、法律标准及安全标准。这会使买家非常有信心与你继续讨论产品及其价格，并觉得你非常专业。

销售来自发问和倾听。在讨论产品价格之前的开场白，交换一些与产品、行业、专业关联的背景问题，有助于日后成交。供应商在展位里应充分展示自己的优势，有效运用发问和倾听与买家进行沟通，以确定是否可以将销售机会转化成交易。

2. 避免急功近利的快速销售

在与客户沟通时，应该如何运用语言引导他们对产品感兴趣？有的销售人员在谈客户时，往往会使用“我们的产品比同样的产品价格要低”，或是“您如果选择我们的产品，会给您一定的优惠”的说法……这样做是否能留住客户呢?

针对这种问题，笔者曾采访过 Canadian Tire 上海的采购办事处总经理 Mike DePaul。他说：“在展会中经常出现的情况是有人试着在过道上把我们拦下，然后说这件或那件产品我们能给你最优惠的价格。但是这并不是我们想要听到的。价格只是产品价值链的一部分，如果只谈价格，我们会认为这些供应商对构成产品价值的其他重要部分也许并不了解，其实不仅仅是价格，其他的方面也很重要。所以，这也是有些供应商的开场白令我们扫兴的原因。”

3. 顾问专家式销售

那么，怎样的开场白内容能促使买家有兴趣继续与你交流呢? Mike 继续给我们讲了一个案例。

“我们在参加器具展的时候，碰巧遇见一位供应商，他告诉我们他们公司是许多知名品牌的 OEM 商，而这其中一些品牌是我们经常采购的。这对于他们生产高质量产品的能力是很好的证明。此外，他就客户的需求给我们做了详细的解释。比如，这一行业的客户正寻找这种功能的产品，他们表现出对客户需求的了解，之后又给我们展示了该产品。当他们知道我们来自加拿大，又谈了加拿大和北美市场的需求。这给我们留下了深刻的印象。同时他们还向我们讲述了怎样的独特产品和促销活动能让当地客户满意，令竞争对手望尘莫及。这就是他吸引我们的地方。这样，我们就会继续和这位供应商深入讨论更多的话题，包括了解他们生产的产品在我们市场上的生存能力等。他们不仅在展会上吸引了我们的注意，随后又非常迅速地跟进并给我们展示了他们可以提供的产品。到目前为止，这是最好的一次经历。”

对于买家来讲，什么样的参展商或展台销售人员是他们最信任的呢?

从上述案例看，买家对那些“顾问专家”型的销售人员情有独钟。他们知道，这样的销售人员是根据客户的目标，而不是自己的产品特性来制订解决方案。当你向客户询问其目标及选择标准时，客户就会判断销售人员是把他们的需求放在什么位置上。因此，在向客户推销自己的产品时应站在客户的角度上考虑与解决问题，扮演顾问和专家的角色。

4. 主动积极沟通

在商展上接待客户，有两种方式：一种是守株待兔，等待客户上门；另一种是主动出击，招呼邀请客户。

大部分参展商选择了第一种，这使他们错过了很多销售机会。因为有些买家过于害羞，有些对于你展会的诉求、卖点与他们的关系模糊不清，有些被展会琳琅满目的展品看花了眼而无从选择。这时，你主动积极上前接触是最佳的沟通策略。

先打招呼“warm up”。欧美客户非常喜欢互动，你不需要太拘谨，不需要对方说什么都“Yes，Yes”。在沟通中要称呼对方名字，假如你在对话中经常称呼对方，对方也会称呼你，这样可以让客户很容易对你有印象。

作为销售人员最重要的口头沟通是开场白和结束语。因为人们在沟通时易于记住刚开始和最后发生的事情，所以销售人员与客户沟通时，要特别注意开始时的礼貌寒暄和最后的结束语。

5. 不要急于展示

在展中大多数的展台销售人员都是在简单问候的开场白后，就立即进入了产品的操作演示阶段。这样的销售非但无助于你成交，反而会让你处于被动局面，使买家对你的产品兴趣消退。在没有了解客户的背景、兴趣前的销售是徒劳无益的。应在开场白中简单地评估客户、了解客户对产品的兴趣后进行个性化销售，为客户提供解决方案，通过观察客户的反应来调整下一步策略。

6. 开场白避免可用 YES/NO 回答的封闭问题

避免用类似“May I help you”开场。如果客户回答“NO, Thanks”或“Just looking”你就几乎无话可答。有时候客户一听到就离开。

问“开放式问题”，用“如何”、“什么”、“何时”、“在哪里”、“为什么”等词开场：

□ What are you looking for today?

□ What challenges bring you to the ABC show?

□ 您最在意展会的哪些方面？

□ 您最希望在展会见到谁？

□ 您是哪里人？您的客户群体是什么？

□ 您有没有参加过同类的展会？

□ 您为什么觉得不好？

在展会的第二天，你可以问：

□ What do you think about the trade show?

□ Did you find everything you need exactly?

你问这些问题很容易从客户那里得到你们整个行业的情况，客户的观点对你是很有价值的。同时，你也间接地问客户还有什么东西没有找到，说不定你可以帮上客户，假如你刚好也有这种产品的话，客户也许就会把订单下到你这里。总之，你在和客户沟通时一定要与之互动。

避免在展中的开场白中问类似日常天气、身体等毫无意义的问题，这会阻碍你进入主题。

第二节　现场如何评估买家

明确谁是我们的客户

在展会中有个原则：你与专业的客户接触得越多，你的生意机会就越多！(The more people you talk to,The more business you do!)

作为公司参展的展台人员，首先，要十分清楚地知道，谁是我们的客户，公司的主要市场和客户类型，什么是这些客户应该具备的要素，他们的兴趣点分别在哪里，他们最关注什么。其次，进行专业的评估和接待，这包括他是不是我们的客户，他对产品的迫切态度对我公司来说重要吗，我该花多少时间接待他，应该让他明白我懂得他的实际需求，并能为他提供解决方案，还是马上抽离结束谈话。

其实，来到你展位上的人很多都不是你的客户。有些在展会的现场表现出“浓厚兴趣”的人，并不一定真的有意向和你的公司做生意，很可能只是随便看看，而且没有专一性。这类“客户”在当今的展会上占有一定的量，如果一视同仁进行接待，潜在客户反而会被忽略，宝贵时间被耽搁。所以，在现场接待客户时一定要掌握业务技能，委婉地了解对方的意图和现阶段的要求，在仔细分析客户的基础上进行筛选。

同时也要注意，不要过于以订单取人。因为在展会现场就能够谈妥的新订单数量总是非常有限的，更有不少买家把订单看成是形式发票(P/I)，毫无合同观念。所以，买卖双方大多是要利用这个机会建立互信，为以后的合作打下基础。

不要以为所有的老外都是采购商，不要以为所有的黄皮肤人都是中国人。在展会上参展商一般都特别热衷于欧美老外，但有时老外并不一定是采购商，有的是驻中国的厂家代表，有的是展览组办者，有的是国外厂家参展代表，有的是一些传媒代表，所以要通过展会找到真正的买家，还需要做大量去伪存真的工作。

如何识别真假买家

1. 专业的发问

确定我们公司的客户标准后，我们就可以有效地鉴别来访者是潜在客户还是竞争对手、贸易骗子，是行家还是生手，是大客户还是中小客户。

要善于通过交谈、发问了解客户的真正意图。他是否具备成为我们客户的基本要素？他购买的动机是什么？他的购买能力如何？他的兴趣点和关注点是否和我们的客户吻合？对具体产品规格、技术参数有何要求？希望接受的价位和打算订购的数量是多少？以前在哪里采购？和中国的哪些企业有过多年往来？目前的采购处于哪个阶段？从这些专业的问题中去评估来访客户的真实性和专业性。

除了上述问题外，我们还可以通过观察来判断买家的真实性和等级。

2. 通过客户提供的名片判断

从客户提供的名片也可以判断客户的实力，如名片的质量，名片上的 Logo 与制服或箱包上的是否一致，来自哪个国家、城市，电话和传真号码是否合用，有没有自己独立的网站，E-mail 是否是免费信箱，是零售商、批发商还是进口商等。

3. 从客户的穿着和人员组合判断

从穿着上观察，应重视穿公司制服或较正规西服的客户。如果买家是几个穿着统一服装，又带着印有公司 Logo 箱包的人，一般是来自较正规的公司。

从组合上来观察：

□ 欧美客户带上他们中国公司的办事人员组合；

□ 欧美客户和中国台湾或中国香港客户组合；

□ 日本客户和中国台湾客户组合；

□ 采购团组合。由不同人员组成，分别拜访目标客户，最后整合由采购团队集体拜访。

如碰到上述组合的采购买家（人员组合确定是同一家公司时），应重视并进行专业的沟通和评估。

4. 关注客户的肢体语言

沟通应关注客户的肢体语言，包括眼神、看样品的规范动作、沟通中的语音语调、表情变化和交流的每个细节。

5. 从客户的关注点判断

在沟通中也可以观察客户首先关注哪些要点，如产品、质量、认证、价格、规格细分、服务、研发能力、新产品、合作对象、准时交货、社会责任、工厂、贸易公司等。结合自己的市场知识，评估客户的大、中、小等级。

通过客户发问的内容判断评估其专业性，如是否有具体数据、专用术语表达专业的品名、规格、型号、原料、成分以及对最小订单量、价格、包装、样本、样品、国际认证等方面的关注。结合自己对买方市场知识的评估来判断买家。

关注具体单一展品的买家比对全部展品都感兴趣的买家要好。来到展位上开口就笼统地要样本和价格单、询问有没有网址的客户，一般不会是我们的目标客户。

6. 关注敏感问题

在展会上时常会有国内外同行来收集信息。一些新手经常在展会上热情地接待“客户”，向他们介绍他们想知道的一切，等听过公司、产品、价格等的介绍后，他们拿了目录、报价单就再也不会回来。

这些同行一般都比较专业，知识面广，但他们的关注点与行业买家还是有所区别的，对某个细节、环节和专业特别感兴趣，目的和着重点不同，喜欢盘问细节，问很专业的敏感问题。而这些问题在平时的业务中一般的买家很少关注。所以，凡是涉及公司的价格体系、折扣体系、运作方式、促销手段、专利技术等问题时要特别关注。根据对方的客户级别应对。对于有怀疑的不妨运用反问形式询问对方：“一般彼此间的买家很少关注这些，请问您了解这些对您的业务有什么好处呢?”

掌握上述这些方法后，你就可以有高超的应对和鉴别能力，能够抓住客户的心理，锁定不同的应对处理方法，让真正的潜在客户更快、更好地了解你的企业及产品，达到我们的参展目的。

7. 使用现场面谈记录表评估

方法：可以将表格拿在手上，自己边问边填写或请客户填写几个相关栏目，填写内容为与专业匹配的多重选择题，以测试客户的专业度和彼此间的匹配度。

请参照下一节记录买家信息中现场面谈记录表的内容。

沟通中如何评估客户

沟通中了解客户的背景信息有助于评估和筛选客户。

1. 采购背景

□ 该客户是否有采购权

☐ 客户职位和采购角色如何

☐ 影响采购的关键要素是什么

☐ 首次采购或补充采购的预算和采购量

☐ 客户目前的采购到了哪个阶段

☐ 客户与我们的匹配度、吻合度

☐ 了解客户的采购用途，是自己用还是为上下游客户采购

☐ 客户的迫切度如何

☐ 我们会谈的气氛如何，客户有没有提到同行

参照附录 7“展中客户信息收集卡”在现场结合使用。

2. 分辨采购决策者和影响者

我们参展的一个重要目的，就是通过展会直接与买家进行面对面的交流。但即使是专业展会，前来参展的客户所涵盖的范围也相当广泛。有时候，一些买家在展会上没有权力签订合同或确定价格和订货数量。但是这并不意味着他们对你的产品没有兴趣，只是这个人可能不是决策人，但可能是决策的影响者，所以供应商向来访买家问问题就显得尤为重要，比如您是谁，什么职务？是总裁，是设计人员、采购人员、生产部人员还是负责收集市场信息的情报人员？当了解到对方的职位后供应商应调整产品/公司介绍重点，以满足这个职位买家的需求。

如果来的是一个公司的采购经理，供应商同样需要请出资深的人员来接待这位客户，因为他有权决定采购与否，是决策者。对于技术人员来说，他最想了解的是最新产品的研发进度和价位；对采购人员来说，寻找产品供应商是他们的最大目的；而对情报人员来说，目的则是收集最新的研发方案、产品性能等信息，在此之上做比较分析，帮助企业进行生产研发。

由于不同客户的关注重点不同，应针对不同客户的咨询派出合适的人员与其沟通，针对不同的职位买家要做好个性化的销售简报，将能更好地解决客户提出的问题，提高他们的满意度。同时，企业必须事先做好充足的准备，比如产品资料、产品报价单、沟通者的名片、技术人员等。这是针对不同的买家组合做出的最好接待方案。所以，清楚地分辨

采购决策者和影响者将为你在展中或展后签约提供有效的途径。

下面这些买家职位将帮助我们明白他们对我们产品和服务的兴趣点：

□ 影响者——采购主要得益人，能影响采购决策。83%的观众有影响其公司的采购决定或是向采购部门推荐的能力。因此，需要特别重视这些影响者。

□ 决策者——采购决策者，有权决定采购与否，职位较高。

□ 买手——采购代理，注重运作和支付手段。

□ 技术人员——把关技术，注重产品特点、功效。

□ 设计人员——注重设计、外观、包装。

□ 终端用户——使用者，注重操作便捷。

□ 把关人——秘书、行政、助理。

□ 决策团队——决定某项目的团队，关注整体投资回报率，关注战略性的东西。他们很多是来找战略性伙伴的，并非为了 1～2 个订单来的。

□ 顾问——给行业客户提供产品和服务的建议人，应主动邀请这些人访问你的工厂。

3. 留意沟通中的表达方式

展中与潜在客户沟通时，从他们的口语表达中也能判断和评估客户对我们的产品和服务是有了解的愿望、感兴趣、想要、有需求还是迫切需求，以决定我们接待客户优先等级及所花费的时间。关注潜在客户的下列表达将有效地提升你的沟通质量。

Wish——只是有了解的想法、愿望，不会立即行动。

Interest ——有兴趣，较中性，要与不要都无所谓，愿望不强。但比 Wish 好些。

Want ——想要，目前正在计划采购。

Need ——有需求，目前正缺少或需求这样的产品、服务。

Desire ——迫切需求你的产品和服务。

4. 关注与客户的匹配度

谁是我们的客户，是大客户还是小客户，是紧迫的客户还是重要的客户？

我们的销售对象不是所有人，进入我们展位的参观者并不都是我们的客户或与我们匹配的客户。有的确实是好客户，有行业知名度、市场吻合度高、采购量大、产品讲究标准、遵循游戏规则、订单有利润、付款条件可靠等。这时我们首先要考虑的是和该客户的匹配度，我们的规模如何，生产产品的能力如何，产品有没有认证，品质是否稳定，成本控制如何，交货期能否保证，外销团队沟通能力如何。我们很多参展企业忽略了这一环节，片面地追求大客户，结果往往是竹篮打水一场空。

第三节　记录买家信息

记录名片上没有的信息

笔者经常听到不少参展商在展后抱怨：展中我们很认真地接待客户，收集到300张名片，谈得都不错，但展后跟进时对方却杳无音信，收到的反馈寥寥无几，有的甚至像不认识一样。这也许是大多数参展商目前面临的难题：展后无法有效跟进销售线索。

笔者认为造成展后追踪无效的最主要原因是参展中没有有效记录客户个性化的兴趣点、关注点，导致展后跟进只能模板化、千篇一律，或是答非所问，使客户认为收到的是毫无意义的邮件（Meaningless E-mail）。

因此，应详细记录每个到访的潜在客户情况及要求、谈判结果，记录客户的相关信息，尤其是名片上没有的信息，千万不要凭事后回忆跟进客户，这会使你处于十分不利的境地。

需注意以下现场信息记录要素。

1. 了解买家基本信息

□ 姓名、性别

□ 职位、决策者、采购角色

□ 地址、行业、公司形态

□ 何时归国

2. 注意谈判细节

□ 来访时间、穿着、颜色、发型

□ 买家通过什么了解到我们，以便以后用这一途径

□ 留意客户的关注点、注意什么产品

□ 对品质的需求、对产品的了解程度

□ 记录对产品的意见和建议

□ 记录各种报价

□ 记录谈判过程和方式

□ 5 W1H

What 对什么产品需求

Who 谁要，你还是你的下游客户

When 什么时候要

Where 销往哪里

Why 为什么要

How 计划如何采购

□ 通过客户收集同行信息

□ 为客人赠送小礼品，事后跟进

□ 对取样客户要留下记录

□ 用一些特殊符号注明来访客人的重要性

□ 确认展后沟通日期、方法、内容、联系方式（E－mail、MSN 等）

□ 自己对客户做出的承诺一定要兑现

□ 可为客人提供哪些无偿的咨询服务

□ 和客人合影，事后联络时通过发送照片唤起客人的记忆

客户信息记录方式

1. 参展记录簿

如图所示，参展商在展前应设计类似的参展记录簿，可将收到的名

片订在上方，并记录名片上没有的沟通信息，便于登记和展后追踪。

参展记录簿也是展中管理销售线索的有效工具。建议将参展记录簿以 50 页/本编码印刷，每位展台人员领取后登记编码，展中强调收到名片后一律登记于册的规范动作，展后回顾时统计客户数。

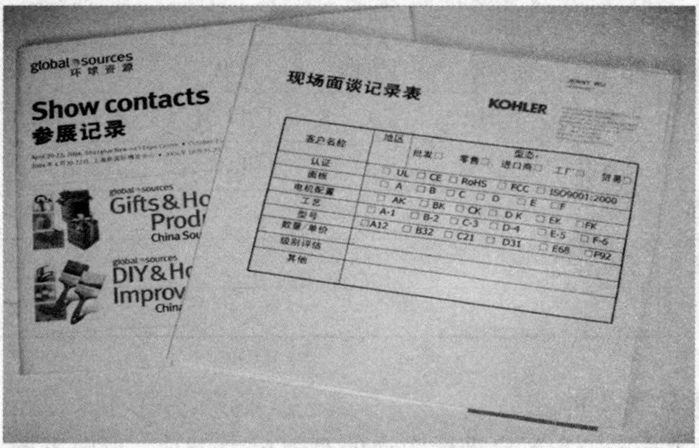

参展记录簿

2. 现场面谈记录表

此表用于现场与客户交流中使用，目的是了解客户对我们产品的具体兴趣和专业知识。参展商应根据自己产品和市场的特点、专业客户的关注点、产品的规格和匹配性，设计出专业的产品面谈记录表，也可以将此表印在上述参展记录簿内。

展台人员在接待客户时可以将表格拿在手上，采用多重选择方式打勾，自己边问边填写或请客户填写几个相关栏目。这对外贸新手也是十分有用的。

此表格应与附录 7 “展中客户信息收集卡”、附录 8 “展中客户面谈记录表”在展中结合使用。

现场面谈记录表

客户名称	地区	形态				
		批发□	零售□	进口商□	工厂□	贸易□
认证	□UL	□CE	□RoHS	□FCC	□ISO9001：2000	
材料	□A	□B	□C	□D	□E	□F
配置	□AK	□BK	□CK	□DK	□EK	□FK
工艺	□A－1	□B－2	□C－3	□D－4	□E－5	□F－6
型号	□A12	□B32	□C21	□D31	□E68	□F92
数量/单价						
级别评估						
其他						

3. 录音笔记录

录音笔是展中与客户进行沟通的有效记录工具。目前市场上出售的便携式录音笔品种很多，大部分都有较强的功能，建议购买可以连续录16小时以上内存的、能分别设立100个文档功能的录音笔。

在展中当与客户交换名片后，即可打开录音笔报出客户的名字和国家开设文档，结束后关闭或连续开设第二个文档，同时接待第二位客户。这种方式在展位繁忙时段使用特别有效。

所有的录音记录必须在当天晚上结合名片做功课，按上述现场信息记录要素整理录音文档，逐一登记到参展记录簿上以便展后个性化跟进

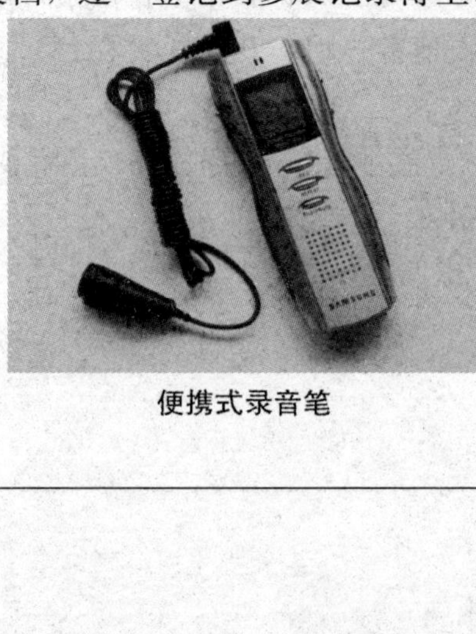

便携式录音笔

销售线索。

4. 利用主办方客户注册系统信息

去国外参展时，不少主办方为参展商提供读卡器服务（买家注册时，每人都会拿到带有电脑芯片、条形码、磁条、穿孔卡片或计算机编码的资料卡，注册信息收集于此，包括买家基本信息如姓名、公司、地址、电话、传真和其他相关资料），参展商不妨利用这高科技管理系统轻松便捷地收集来到我们展位买家的背景信息。

手持读卡器

特别提示

避免拿到客户名片后在名片背后记录信息或将名片直接放入收集盒内，这会冒犯客户，显得十分不专业。

避免用塑料盒收集名片

给有兴趣但不愿等候的参观者建立登记簿，记录潜在客户信息，以便展中和展后追踪。记录要尽可能准确，书写要清晰分明以便于统计。

第四节　展中的销售技巧

展中的销售流程

☐ 发现潜在客户

☐ 确定客户动机

☐ 倾听需求

☐ 获得客户信息

☐ 以个性化销售简报说服客户

☐ 确定价格和产品

☐ 签约

研究证明的参观者记忆因素

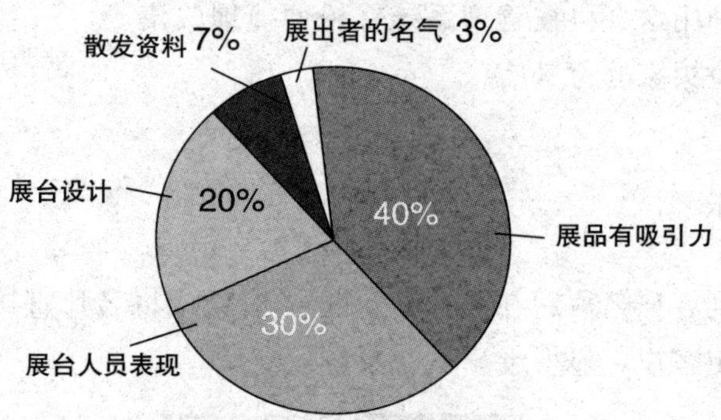

资料来源:Incomm Research

展中的接待技巧

在展会上，买家会在很多展位中游走、筛选、比较。因此，与客户的每次沟通都应看作是一次成交的机会，必须把握好，而业务的来源就是在与客户的不断磨合中产生的。所以，在与客户沟通时要注意所使用的技巧是否合适。

对于急于想拿到订单、打开业务局面的新人，往往因为自己求胜心切而处于被动。因此，新人要记住，在展会上要促成的不仅是立即签约的业务订单，更要做到与客户交“朋友”，增进友谊。当然，这需要经过很多次同客人的“博弈”才能做好。首先你要明白谁是你的潜在客户，潜在客户一般会问什么问题，他们的关注点在哪里。你要定一个具体量化的目标，这样你才能在现场分辨出哪些是潜在的客户，哪些是来看热闹的，如何应对观光的客户，如何专业地接待潜在客户。

发问、倾听了解买家的需求

由于观展的买家时间有限，一般只有很短的时间能够停留在一个展位上，所以，参展商必须重点明确而且非常精炼地向他们介绍，同时，应该向买家提问。绝大多数的供应商从不向买家问问题，被动地等待客户提问、提要求，这样就错过了很多销售机会。研究表明，有40％的参展买家会在未达成任何意向的情况下就离开展位，因为他们觉得参展商没有花时间来了解他们的需求。

就像买家对供应商分类一样，参展商也需要对买家分类。向买家提出问题，挖掘其需求，比如：

□ 获得联络方式（名片）。

□ 参观者是谁，他从事什么行业，是零售商、生产商、批发商还是进口商?

□ 所在的市场在哪里？业务规模如何?

□ 客户对你的产品大概会有哪些要求?

□ 他有无采购或影响采购决策的权力?

□ 这个客户可能什么时候会采购，目前处在哪个采购阶段?

只有掌握了这些信息，参展商才能为买家提供他们所需要的产品，买家才会对参展商能为他们提供合适的产品更有信心。所以，沟通最好是双向互动的。

什么是销售？销售就是沟通。就是用我们的产品和服务去帮助客户解决问题，在满足客户需求的同时，获取利润的双赢法则。销售是通过提问而成功的。

在寻求他人的理解之前，你得先理解他人。在对客户的反馈信息做出回应之前，展台销售人员要首先确保自己明白客户的意图，主动积极的提问能促使我们去寻找可量化的特定信息。例如，客户的目标是什么，他的选择标准是什么，他希望获得哪些具体的收益，他使用什么样的评估系统。只有这样，客户才会把你当成一个真正的专家和顾问。

同时，在展会上，参观者来到每一个展位前未必一定是来谈业务，作为参展商一定要多了解参观者的意图，有针对性地提供信息。很显然，展台销售人员在没有弄清客户的背景和真正需求前就滔滔不绝、漫无目的地介绍和推销，其结果是徒劳无益的。

也有人担心展台销售人员先向客户提很多问题，而没有做产品上的介绍，会不会让客户感觉不满意或不愿回答。笔者认为，关键要看展台销售员是如何专业提问和倾听。下面这些发问和倾听技巧将帮助我们在展中与买家专业沟通。

1. 发问技巧

■ 主动发问

开场白之后不要等待客户提问，应主动发问，为销售创造主动权。主动发问有利于搜集客户的真实信息，主动发问要做到面对各类客户提出各类问题。

■ 注意发问的连贯性

发问需连贯性，不要在短时间内变化太多话题，如你来自哪个国家，对我们产品有什么具体要求，你的客户主要有哪些类型，你们的采购步骤是怎样的，这些问题缺乏技巧和连贯性，涵盖面太广，被问者似乎在被调查、盘问，感觉自己没有得到足够的重视，同时也显得发问者缺乏专业性。

问题不要从广度发问而应从深度发问，针对1～2个问题进行深入的了解，在发问的同时适当地交流客户感兴趣的信息，发现客户的问题和需求，如你来自哪个国家，从事什么行业，是批发商还是零售商。当得知买家来自德国，展台人员就应该简单告诉买家他们的哪些产品符合德国市场的标准，目前正和哪类德国客户在合作等，然后继续询问他们采购这类产品的关注点有哪些。

这样买家就会知道这个供应商了解他们的市场，熟悉质量的标准，会使买家非常有信心与你继续讨论产品及其价格。

■ 多用开放式发问

开放式发问是请客户针对某一主题谈谈他的看法。一般用以下方法开场：

什么/为什么/如何/为何/怎样/怎么样/请您谈谈……

封闭性的问题则是要澄清或检验客户的立场和观点。一般要求客户用“是”或“不是”回答。

■ 站在客户的立场

发问的目的是了解客户存在的问题并帮助其寻求解决方案，在发问时态度要诚恳，让客户感觉到你的专业性，同时也要站在客户的角度去展示，零售商、批发商、OEM 商兴趣点各不相同，客户导向的发问和销售是关键。

■ 及时对客户进行判断

发问的过程也是判断客户的过程。在与客户的双向沟通中判断该客户与我们的吻合度，应注意以下几点：

◆ 他是不是我们目标市场的客户？

◆ 客户的专业知识如何？

◆ 他有无采购或影响采购决策的权力？

◆ 客户的采购需求有多迫切？

◆ 客户言谈举止的真诚度有多高？

从上述的评估中来决定进一步的销售策略和方法。

■ 引导客户需求

如果遇到不懂产品的客人，就要按照自己的思路去发问以便引导客人。

2. 倾听技巧

■ 真诚地倾听、了解买家的需求

发问后尽量让买家多说。和欧洲、美国人谈的时候，可以让客户简单地说一下此行的目的，希望找一些什么样的供应商。有的客户会告诉你，有的客户不会直接回答你。但真诚地了解客户的问题，通过倾听挖掘客户潜在的需求，会让客户尽快解除防备心理，逐渐接受你、信任你。

■ 使用积极的肢体语言

倾斜着身子，对客户的表述做出适当的反应，如点头、微笑、眼神、面向客户仔细倾听等。

■ 复述客户的意思

沟通中通过复述客户的意思，总结客户的关注点来表示理解、赞同客户，可以增强交流的融洽度和针对性。

■ 观察客户的肢体语言

观察客户的表情、判断客户话语的真正含义，从而把握销售的主动权，适当记录可以体现出你的专业形象和认真负责的态度。

■ 不要打断客户的话

沟通中不要打断对方，否则你会漏掉客户讲话的重点，错过潜在的销售机会，打断客户发言往往会引起反感。

如何抓住买家的兴趣点

首先要十分明确你公司的客户类型、出口市场、销售渠道和客户采购产品时最关注的要素，如对于同类型的产品，你公司的产品有何优势？除了产品的优势，你的价格如何，交货期能否准时？你公司是否有一些国际认证？你公司是否有与行业中的知名企业合作？你公司的运作管理能力如何？

你的产品或服务的优势必须在展中通过展台的布置和展台人员有效地传递给目标买家。如果你能让你的客户觉得买你的产品和服务是他们最好的选择或者能够得到较大的投资回报，那么他们肯定会给你下单。

但是，不同的买家兴趣点也不同，如大公司的买家最关心的可能不仅仅是价格、质量，而是可信度（Reliability）。在品质接近的情况下，买家从不同的供应商处购买货物的价格会有点小差距，一般这些公司都可以接受。但是，如果买家找的供应商在可信度上出问题的话，那问题就大了，大多数的欧美公司会立即更换。所以，如果我们能站在客户的角度考虑问题，针对买家的需求、关注点来沟通，让买家觉得我们在供应商里面，是最值得信赖的，包括质量、价格、准时交货、研发和运作管理能力等都值得信赖，那我们的成交机会就大大超过一般的参展商。

请列出你公司客户的兴趣：

完成下列填充题，有关贵公司的客户类型、出口市场、销售渠道和客户采购贵公司产品时最关注的要素，将帮助你在展中有效地锁定目标客户。

客户类型：________________________________

（零售商、批发商、生产商、进口商、OEM）

出口市场：________________________________

（地区、国家）

销售渠道：________________________________

（终端、分销渠道、专业渠道）

客户关注点：______________________________

____

____

（列出这类客户采购你公司产品最关注的是哪三点）

市场调查问卷

很多参展商在展中只注重交易却忽视了买家的信息收集和反馈。大多数买家并不会主动告诉你他们的不满或建议，只是转身离开你的展位另觅交易罢了。“留住他们”是我们展台人员的职责。主动进行一次采访，邀请他们进行问卷调查，比如：

☐ 你对我们的产品有些什么建议？

☐ 我们的产品在哪些地方做改进会更适合某个市场，如欧洲市场？

☐ 针对我们这类产品你们市场有些什么认证需求？

☐ 假如你采购我们这类产品，最关注的是哪 3 点？

☐ 你觉得这类产品的发展趋势怎样？

☐ 你与中国供应商沟通时最大的挑战是什么？

☐ 您为什么选择我们的产品？

☐ 是什么吸引你购买我们的产品而非其他供应商的？

☐ 你觉得我们的产品和服务还需要哪些方面的改进？

□ ……

可以在展前预先准备些类似的问卷，针对我们的展品、目标市场、服务、对手信息、全新市场、发展趋势、客户要求和客户关注等对新老客户和潜在买家进行展中采访，虽然由于时间有限，大部分客户不会全部答复，但我们的展台人员可随机应变，问1～2个问题也可，以采访客户数量为准。（问卷式样请参照附录9“展中买家采访问卷”）

将设计好的问卷分配给展台人员，要求其首先将问题全部背熟，新手尤其应当重视这一点，在展会期间每人采访50位买家，展后完成总结报告。

当我们找到这些问题的答案时就会明白哪些方面已经做好，哪些还存在不足。如果一个顾客不满意，你就能在他改变主意之前采取行动。当你向顾客提出做调查问卷时，就表明了你对他的重视，从而更吸引买家对我们的关注。

如何了解竞争信息

贸易商展提供了调研和收集竞争信息的绝佳机会。短短三天的展会使你待在家里半年、一年都收集不到的信息全部展现，这不仅是由于专业客户会来找你并提供相关信息，更是因为你的同行、竞争对手就在同一空间中展览，大量信息就在眼前。如何有效利用这一机会建立竞争信息档案是当今外销企业不得不考虑的工作。

下面列出针对本次参展竞争对手的背景信息、主要产品和服务信息、对手的市场和销售策略信息以及买家反馈信息包含的主要内容，供参展商在展中运用。

1. 本次参展竞争对手的背景信息

□ 本次商展你有哪些直接和间接的竞争对手？

□ 哪些竞争对手会对我们构成威胁？

□ 他们的展位面积多大？

□ 他们派遣多少人参展？

☐ 他们本次参展的展出重点是什么？

☐ 有哪些新的促销活动、目录？

☐ 高峰时段展位的客流量如何？

☐ 我们和对手之间的主要差别有哪些？

2. 对手的主要产品和服务信息

☐ 产品和服务有什么特色？

☐ 他们对新产品和服务是如何介绍、推广的？

☐ 新产品采用了哪些新原料和技术？

☐ 谁是他们的原料供应商？

☐ 他们的售后服务如何？

☐ 他们在产品和服务方面有哪些优势和不足？

3. 对手的市场和运作信息

☐ 营销和销售策略如何？

☐ 谁是他们最大、最重要的客户？销售量多少？

☐ 谁是他们主要的供应商？供应量多少？

☐ 他们采用了哪些方法吸引客户？

☐ 为什么客户转向他们？他们注重哪方面特色？

☐ 哪些客户对他们不满意？为什么？

☐ 他们开发了什么新产品和渠道？

☐ 除了商展外他们还采用了哪些渠道来推广他们的产品和服务呢？

☐ 对手进入市场有多久？市场声誉如何？

☐ 竞争对手的市场占有率如何？

☐ 有没有涉及商标及专利问题？

☐ 对手的市场报价如何？

☐ 他们付款条件如何？

☐ 他们交货方式如何？

4. 买家反馈信息

☐ 买家认为竞争对手的哪些产品和服务最有价值？

☐ 买家为什么对他们满意？

☐ 买家的哪些要求还没得到满足？

☐ 买家的主要抱怨是什么？

☐ 有没有来我们展位的买家提及对手？

☐ 怎样才能使对手的客户转向我们？

☐ 决定买家购买的主要因素是什么？

☐ 对行业政策、价格变化，买家有什么反馈？

在调查竞争对手的同时，找出本企业的产品、销售人员、展品、宣传资料、顾客评价和展会前的营销策略及其在实施效果方面的差距。将这些资料收集完备后，将本企业与同行间进行对比，关注企业与同行间的差距。参展商如果能够借助展会更好地了解竞争对手，确立自己在同行业中的地位，这对实现企业目标将是十分有益的。

参照附录 10“竞争对手信息收集表”。

五感销售法

商展是一场面对面的营销盛会。在这里，买家可以实际地观看、感受、品赏、闻味和聆听，如箱包背起来是否舒服，面料质量如何，机械的声音如何，音响听起来是否悦耳，销售员是否专业。

展会是唯一能利用人的五感进行的营销活动。

演示吸引客户

色彩吸引客户

为了使买家能够充分地感受我们的产品，展台销售人员应尽量利用图标、资料、照片、模型、道具、模特、装饰、布景、照明和视听设备把产品的用途和卖点直接展示给买家，同时展台演示人员的服饰、人数组合、站位及视频介绍、网上目录、电视、电脑、音乐、广告系统的有效配合更能给买家以感官的刺激，留下与众不同的印象，加深对公司产品的认识。

利益销售法

1. 什么是利益销售法

在展台的销售或销售演示中，我们常常发现不少的销售员在进行特点销售而不是利益销售。

所谓公司、产品的特点是指产品或服务所包含的特质，是一种客观的描述。如公司成立 5 年了、有 OEM 能力、每年参加 8 次商展、生产的杯子是用专利陶瓷做成的……

产品利益是指客户从产品/服务的特征中获得的各种好处，是一种主观的描述。如公司成立 5 年与买家有什么关系，是不是专业生产制造陶瓷杯，和哪些客户做过 OEM 订单，每年参加的 8 次商展与买家的关系如何，是不是专业展或行业展，杯子用专利陶瓷制作有什么好处。

客户只关心自己的利益，并不在意你产品的特点是什么，只有当客户明确他的这些利益时，才会有兴趣与你做深入的交谈。

很少有客户会单凭产品的特点就决定购买。大多数客户在购买之前需要了解这个产品是否是他目前所需要的，这个产品是否会比其他同类产品给他多一点的好处和利益，因此在销售中仅仅介绍产品特点很难促成客户做出购买决定。

2. 利益销售法步骤

□ 确认客户的需求

如果客户没有需求，再好、再便宜的东西也不会被购买。

□ 对客户了解得越多，找到客户的需求也越多，成交的速度也就越快。

□ 描述的利益正是客户需要的

不同的客户会有不同的需求，因此只有描述客户所需要的利益才能真正引起对方的兴趣。同一特点可以引申出不同的利益，只有当客户明白你提供的利益正是他所求的，才可能激起他的购买欲望。

□ 不要介绍的太复杂

介绍产品要有针对性，要投其所好，介绍要有层次，先让客户对特点有印象，然后要让其对利益感兴趣。要尽量少讲、多演示，在介绍产品特点及利益时，要多通过演示让客户有真实的感觉。在介绍利益时，强调合作的客户、获奖证书、客户证词等资料能快速建立客户的信任度及引起客户的购买兴趣。

□ 销售前做充分准备

只有充分准备好销售资料，才能更好地抓住销售机会。

流畅的演示、精彩的说辞能引起客户的注意和兴趣，这些都需要预先练习。充分的准备可以让你产生新的附加值，而使客户乐意接受。

展中如何避免客户离开你

我们时常看到有不少的展位人员刚接待客户不久，客户就离开了。这是买家对供应商缺乏信心和兴趣的表现。

分析原因，笔者归纳出下列几点。

1. 缺乏量化数据展示

展位人员对与供应商讨论的内容缺乏信心，如当供应商被问到他们的产品是否符合相关市场的安全标准、产品的技术参数等有关市场和专业信息的问题时，供应商表现得麻木或全然不知，或只说自己的好，却拿不出确切的相关指标，产品质量没有国际通行的标准，买家经常都会失望地离开那个展位。

在展会上，只有你量化了客户的目标与选择标准，才能赢得客户的信任。

□ 展示的信息要具体化，如不讲“Good（好）、Best（最好）、质量高、最有名”……

□ 用具体的数据来支持，如5%、1000、ISO9002、图表支持。

ISO9002 Approved. 我们公司通过了ISO9002认证。

A decade of supplying Wal—Mart，IKEA and J. C. Penney。拥有十年作为Wal—Mart、IKEA和J. C. Penny供应商的经验。

大公司的买家基本上都受过专门的采购培训，他们有一套定量的评估体系。所以，最好用你本行业的定量术语来表达，也是让买家了解我们品质的有效表达。

2. 过分销售

当买家与供应商交流时，供应商为了说明他的实力，就说他的产品曾经大量销往美国。当买家问及有多少集装箱的货物时，他却不得不去查找数据，或用计算器计算。这就是没有实质内容的夸大销售。正常情况下，如果一个供应商竭力想要向买家推销这项产品，供应商应明确地知道这种产品以往的销售情形。

供应商没有能力满足买家的要求而过分夸大销售，这是最容易使买家不满意的一点。

3. 自相矛盾

如果供应商每天报出不同的新价格、新规格或新的集装箱数量，那么，公司对外宣传的不一致会让客户感觉到模糊，买家会认为这个供应商确实不知道自己在做什么，因此会失去信心。

4. 展台人员的英语水平

业务员的英文水平非常重要。含糊不清的口语、生疏的专业表达都会导致客户的不信任。英语为母语的客户说话可能会很快，没有停顿。你可以让客户说的稍微慢一点，这是不失礼的。千万不要没有听懂就接客户的话，这会使客户觉得和你沟通很困难，很容易离开你。

如何与老客户沟通

要在展会之前预先邀请客户并与确定来的客户预约好日期和时间。在客户来观展之前我们要做好准备，资料要准备好，包括客户提到的产品价格、性能、特点等，收集客户目前使用我们产品的反馈和对我们产品新需求的了解，准备如何应对客户的投诉和回答客户的问题、建议。

展中安排专人接待，征求老客户对我们产品/服务的反馈，倾听客户对市场改进的建议，了解和挖掘客户新的合作需求，介绍新产品和服务。在老客户提出一些问题的时候，我们必须马上回答，如果不能当场回答就要承诺在一定的时间内给予客户答复。切记为老客户的来访准备一份特别的礼品。

常见的客户来访目的：

□ 合作项目总结

□ 维护客户关系，了解公司发展

□ 新产品、新服务

□ 交流一些技术、合作的信息及理念

□ 解决过去合作中的疑难杂症，对产品质量和服务方面提出新的要求

□ 对公司的建议

去老客户展台拜访

一定要事先约好时间，因为客户都很忙，自己也会很忙，展会上的每一分钟都是金钱和机会。事先参照拜访客户目的准备好书面会谈概要，与客户会谈时可以拿出来看着谈，这样就不会遗漏任何一点，客人也会很喜欢你的做事方式，认为态度认真及很有条理。因为会场场面比较混乱，客人会不时被一些事情打扰打断，这个时候就必须有这样一个谈的计划。每次和客户见面的机会对我们来说都是非常重要的，因为面对面的交流，你能准确地判断客户的意图，并且可以突破一些销售成交的障碍。

常见的拜访客户目的：

□ 表示对客户的重视，礼仪式拜访。

□ 对合作项目总结或新项目介绍。

□ 交流技术、合作的信息及理念。

□ 了解过去合作的一些问题，询问客户对质量和服务各方面有什么新的要求。

□ 推荐新产品。

□ 邀请客户到自己的展台上参观。

□ 告知客户公司的变化和改进的信息。

□ 询问客户对公司有什么建议。

展中拜访新客户

展商首先必须具备激情，要有很好的心态，不怕被拒绝，要善于微笑和自信，还需懂专业。在展会上很可能会被客人一次又一次地拒绝，所以要培训心理承受能力。针对有些客户情景式的回答必须先草拟好答案，包括一些突发问答都要事先准备。这一步工作关系到新的客户开发，所以必须同样重视，因为这是很有目的的推销。展中拜访客户应注意以下几点：

□ 拜访的时间

通过多次的展会经验总结，笔者认为最好的拜访展位客户的时间是上午 10 点前，因为这是客户最不忙的时候，除了展商以外，其他人一般都是晚一小时进场的，这样就给我们提供了很好的销售机会。建议把最重要的客户放在第一天的 10 点之前拜访，这样万一他没过来你还有后面的时间去拜访。

□ 携带销售工具拜访客户，包括销售手，iPad，产品介绍、生产线的图片和公司介绍。

□ 找对吻合对象，如产品经理，老板，经理，或采用多次拜访战术获取客户背景信息。

商展报价策略

在展会中报价是值得研究的，报价太高吓跑了客户，说明你的专一性和诚意不够；报价太低，客户未必会与你交流，一看就知道你根本不懂这一行，不敢冒险与你做生意，或者，用你的价格去压其他同行。所以看你报什么价就能知道你是不是行家。

现在为期三天的商展一般第一天都被买家称为“询价日”。各类买家根据自身采购需求、目标定位收集供应商和关联展品的信息，并拜访大量的供应商砍价摸行情。

1. 展中报价的策略

要想避免鹬蚌相争、价格竞争，让买家渔翁得利，就必须做好展中报价工作。笔者整理了如下策略供参展商参考：

□ 在展中我们常常看到买家在展位一问价格，销售员就看老板的脸色，似乎是在告诉客户价格由老板做主，这就使客户产生了这样的印象：这家公司的价格没有体系，价格一人说了算并有很大的砍价余地，十分不专业。参展商应在展前准备价格单，锁定我们产品的 MOQ 和 FOB 报价，运用销售手册展示（参照第三章第三节“销售资料和工具的准备”）。

□ 在报价前要做好功课，做好市场跟踪调研，清楚地知道同行的报价，市场价格变化包括供应商和原材料价格的变化。设法统计出同行的平均价作为首日报价策略。

□ 客户要求报价时，应该认真分析、了解客户的购买意愿、询价动机、真正需求和迫切性，有的放矢地报出虚盘或实盘。

□ 根据不同的出口市场、地域特点、买家实力和性格特点及商品特点来调整报价。根据销售淡、旺季的销量，或者订单大小也可以调整自己的报价策略。

□ 首日报过价后或派送资料后记住“熟面孔”，当天下午或第二天再光顾时，一定要重点突破。

□ 以综合实力报价。虽然目前很多客户到处比价询盘，但公司综合实力和业务运作模式、良好的公司形象和口碑仍旧是吸引和留住客户的关键。因此，在报价中强调自己公司的综合实力，可以避免一味地采用低价来取悦客户。报价前充分准备，对自己的产品和质量要有信心，凭借自己的综合优势，在报价中掌握主动。沟通中让客户清楚了解自己的企业性质及运作程序。同时，在你的报价中给客户承诺快速而又准时的交货期，无疑也可以让客户更关注你。只有对你和你公司有充分的信心时，客户才有可能考虑你的交易条件。

□ 在报价中选择适当的价格术语，利用合同里的付款方式、交货期、装运条款、保险条款等。

2. 报价需考虑的因素

□ 报价有效期

每次报价一定要有一个报价有效期，尤其是在人民币进入升值轨道、原材料价格上涨、国家退税率调整等因素的前提下。否则，在展中报了价几个月甚至一年之后买家还是用老价格与你纠缠。同时，设定有效期也能加快买家的考虑进度。

□ 汇率风险

是指从你报价到接单出货期间 3～6 个月的相关汇率变化。你在报价时必须考虑的是 3～6 个月以后的成本而不仅仅是目前的成本。需按一定的比率调整，尤其是以美元报价。

□ 利率风险

是指由于国家宏观调控，一年中常有银行利率上调，企业的还贷利率也会相应调整。报价时也应考虑企业的运作成本。

□ 海运费风险

主要指采用 CIF 报价时必须考虑海运费的上涨因素，尤其在全球石油价格上涨和不稳定的前提下，我们一定要考虑出货时海运费可能上涨的价位，并为自己预留空间。

□ 原辅料上涨风险

指与我们产品关联的原辅料价格上涨的风险，如石油、有色金属、铜、铁、塑料、面料的价格上涨等。

□ 出口退税率

指国家的出口退税比率根据不同的产品的不同而不同，不少公司完全靠退税生存，所以一旦退税率调整或取消则会使利润全无甚至亏本。在计算退税率时应留有空间。

□ 劳动力价格

由于人民币兑美元升值、国家的全新劳动法实施，因此对出口企业来说，劳动力价格面临上涨，企业生产成本上升。

□ 全球宏观经济

出口企业报价时还必须考虑全球经济的变化，如经济危机、次贷危机等，尤其是出口地区的变化将直接影响你的出口量和续单状况。

3. 制作专业的报价单

□ 制作样品条码，方便展中即时报价（参照第三章第四节的“价格单”制作）。在展中，你可以快速扫描报价。客户喜欢什么样品，用你的条码扫描器记录后，逐一扫描入电脑。

□ 制作正规报价单据

如果决定为客户报价，应为客户制作并打印专业的报价单，其中需包含下列要素：

■ 报价单名称（报价单、产品系列、客户的名字、日期等）

■ 报价单顶端左侧为公司的 LOGO，右侧为公司的名称及联系方式

■ 报价单项目（产品名称、特征、图片、单价、规格及包装方式、样品原则等）

底端为付款条款、银行账号等信息。将所有信息设计编写在 A4 大小的纸上，注意采用 PDF 格式，这种格式不易更改。配一台便携式彩色喷墨打印机，图文并茂的报价单即可呈现在客人眼前。

商展新品的展示策略

在当今的国内外 B2B 商展中，最令参展商感到烦恼的，是在展示新产品、新技术、新概念去吸引买家眼球的同时，如何避免仿制样品的恶性竞争，尤其是一些容易被模仿的工艺制品、创意展品等该如何去保护。那么，如何使贸易商展成为新产品的诞生地而不是新产品的墓地，成了必须考虑的问题。

在展中不少参展商采用了各种各样的方式，有的将展位做成半封闭式，有的在展位中贴出“FOR OVERSEAS BUYER ONLY”、“谢绝工厂/贸易商”，并设置门帘、“门卫”以防范新产品、新设计、新概念被抄袭。

FOR OVERSEAS BUYER ONLY

谢绝工厂 / 贸易商

从这种形式上看，似乎防止了新品被抄袭，筛选了参观者。但仔细想想也限制了潜在客户的进入，当国际买家看不到你的展品优势，看不到你新颖独特的设计，他怎么会有时间进入你设有门槛的展位呢？同时这也阻碍了一部分害羞的潜在客户，他们绝不会主动地“破门而入”。这样在防范的同时，也阻碍了潜在客户进入洽谈。同样，国际买家难道会把名字写在脸上吗？如何定义、鉴别真正的国际买家是个挑战，尤其是在应对同行“客户”方面。

为了防范抄袭和仿冒，以区别于同行的展品，笔者建议参展商不妨可以采用下列新品的展示策略：

□ 积极主动开发

要对付抄袭者、盗版者，最好的办法是不断创新，推出新产品，让仿冒者永远跟在后面奔跑。笔者认为新品即使在保险柜里锁 3 个月也不能保证不被仿冒，因为你不能保证你的客户不流传。真正的行家只要在展中多看两眼，就能大致模仿了。山东淄博的一家玻璃器皿工艺厂老总告诉笔者，第一天展出的新品，第三天就在展馆中发现，速度之快令人瞠目结舌。所以，不断变化设计的外形、材质、内涵、品质、包装等都是应对抄袭者的最佳策略。因为绝大多数的仿冒者无法知道真品的真正内涵。

□ 展示概念、风格、趋势、品牌和卖点

参展商要使自己的产品在展会上吸引最多人的目光，就必须将产品的特色体现出来，从而让买家认识和接受。为了防止抄袭，参展可展示一种概念、风格以及接下来的一种流行趋势或设计专业的商展海报展示新品、新卖点及公司的优势吸引买家。展示一种概念，而非产品本身。

□ 在酒店或展馆附件酒店设立展示间（Showroom）展示新品，邀请专业买家前来洽谈。

□ 在展位中规定禁止拍照、摄像，张贴下列告示以防范对新品外形设计盗版。

国际商展的参展章程中对照相、摄影及临摹也有明确规定：没有展出者或主办者的同意，不能对展品物进行摄影、临摹、测定取型等。

□ 在与客户的谈判中不轻易给出新品，不随意作为样品赠送。

□ 设计独特的展台诉求，设计专业精美的目录，聘请礼仪小姐作为前台塑造企业形象吸引客户，专业问题则由专业销售人员配合解答。

□ 展后发送新品邀请函。

为了防止展中被抄袭，参展商与通过展后的联络来传递产品的最新信息，而对于有意向的专业观众，会给邀请函，邀其在会后登录用户密码的专业网站观看 Showroom 的最新展品。

□ 考虑综合优势。

有些参展商表示并不担忧自己的展品被抄袭。这是由于该展品取胜之处在于服务、原材料、不断的新设计和营销特色上，因此在外表上的抄袭对其影响不大。

□ 利用主办方保护参展企业的知识产权条例。如展品获得专利和知识产权，必须在展中明确告示，用法律来约束抄袭。

如何在繁忙的展位里接待客户

一个展位的繁忙说明他们的产品和服务受到买家的欢迎。但是任何一个买家都不希望在一个展位上耽误太多的时间。

所以当展台人员在接待客户的同时又有新客户或预约客户来到时，如何维持现有客户的交谈又不忽视新客户，平衡两者关系呢？笔者建议用以下两种有效方法应对：

1. 首先对目前接待的客户说："Excuse me for a moment（对不起，请给我一分钟）。"然后走过去很有礼貌地把名片递给新客户并说："I am sorry, I will be another half an hour. Would you mind coming back（对不起，您能半小时以后来吗）?"告知并写下展位号码及所在展馆，这样做会使客户感到受重视并乐意接受。

2. 在展会高峰时段指派一名专职展台接待员，安排、照顾由于业务员繁忙无法抽身接待的买家，他/她不具体接待客户的洽谈业务，但为展台业务员安排接待时间和记录有兴趣但不愿等候的客户信息。针对上述状况他应主动招呼客户并建议："How about coming back in half an hour?"过半小时再回来，那时会有时间详细交流，或请买家看一些有关的产品信息、视频和演示，避免让客户觉得被晾在一边。

如何与不相关的客户说"Goodbye"

在展中应教会参展人员如何对不符合我们要求的客户说"Goodbye"，不要因不对口的客户占用你太多时间而忽略了有诚意的专业客户。

这些客户可能包括：其他参展同行、来我们展位学习知识的客户、抱怨者、擅长聊天的客户、要目录和纪念品的人。有时候要与他们结束交谈并非那么容易。

下面这些策略和方法将帮助你专业有效地与不对口的客户说"Goodbye"：

□ 接待下一位客户

对目前接待的客户说："Excuse me for a moment, John（对不起，请允许我中断一下）"，然后目光转向新客户，走过去向新客户打招呼，说明会马上来接待他。这一举动会使第一个正在交谈的客户明白即将结束，然后回来对他说明展后保持联系，赠送展会纪念品，结束交谈。

□ 赠送展会纪念品

□ 强调我们产品的专业对口

□ 邀请他与你保持联系

□ 说明展后会和他联络

最后参展人员可直接用英文和客户说：

"Thanks for stopping by our booth."

"Have a great day."

"Have fun at the show."

专业的展示是成交的前提

今天虽然 B2B 日渐发达，但有实力的大买家还是会在展会上对厂家进行实际考察，一次观展多个供应商，以提高他的采购工作效率，及时发现新产品资讯。另外，大部分新兴市场的客户，由于网络及资讯不发达等客观存在，这类客户对中国供应商的评估还停留在展会上面对面的方式，大多数新兴市场的客户会在展会结束时拜访部分供应商进行实地的考察，所以在展会上所呈现出的效果对客户的选择有直接作用。包括展会布展、目录、海报、产品理念、展示陈列……销售团队及时跟进有意愿的重点客户。展会营销及成交赢在准备及细节，专业的展示是成交的前提！

第五节　展台人员的言谈举止和展示技巧

展中销售的言谈举止

在展中，展台人员的言谈举止和销售技巧都会对买家认识你的企业产生极大的影响。在买家与专业观众看来，展台销售人员就代表着参展企业。因此，要专业地接待客户，同时要做到热情与感染力并存。笔者就此归纳了几点展台销售人员在展台上容易忽略的言谈举止和展示技巧。

1. 握手的方法

在展中，与客户握手时需注意迎上客户的同时伸出自己的手，身体略向前倾，眼睛看客户，握手需握实，摇动幅度不要太大，时间以客户松手的感觉为准。

2. 递交名片的方法

收到名片请放在参展记录簿内，避免放在裤子口袋内。双手接拿名片，并确认无误地念出对方名字，避免名片读错。非英语国，像法国、北欧等国的人名并不是按英语发音的，有时根本不知道怎么发音，要注意遇到难读的名字就立即请教客户，这是不失礼的。

3. 入座的方法

在展位内和客户谈判时要避免和客户面对面坐，这样容易产生对立感觉，不容易掌控展示资料的方向。请选择和客户斜角坐或平排坐，这样有利于销售资料的展示并容易和客户产生亲切感。

和客户斜角坐

和客户并排坐

4. 站立展示位置

展台销售人员要熟悉展位的摆设和展品的展示技巧，包括如何操作。

选择展示最佳的站立位置时应考虑以下几点是否便于观察和引导买

家，不阻碍过往人员的视线；是否方便操作展品，空间位置、灯光对展品的影响如何，能否面对进口时纵观全局。

方便操作展示

站立展示不堵塞通道

5. 商谈的距离

在展中与较熟的客户商谈时应保持70～80厘米的距离，不熟悉的客户距离为100～120厘米；站着商谈的距离应为两个手臂长；一站一坐距离应为一个半手臂长。

一个半手臂长

站着商谈的距离：两个手臂长

展中销售展示技巧

1. 销售资料展示方法

客户坐下来以后，你不妨先问问客户可以给我多少时间（How much time are you available?）。这样可以体现你对客户行程的尊重，也可以让你自己根据时间来掌握沟通的内容。

展中会谈时应将专业的展示资料朝向客户方并用笔指点，要避免用手直接指点。女士避免带过多的首饰而分散客户的注意力。

展示不方便客户阅读

专业地用笔展示

在展示中保持与客户的眼神交流、观察客户的肢体语言，控制你的速度，不要开“机关枪”，保证客户理解。

整个过程中与客户的互动十分重要，提供选择问 YES 或 NO、A 或 B 的简单问题，运用短暂的停顿观察对方反应，过渡内容要圆滑自然。每个环节一定要总结要点，不要留给客户一个悬念。

专业的展示资料

2. 控制展中销售时间

销售简报不要太冗长，一般控制在 3～10 分钟以内。

展台销售人员必须掌握在短时间内重点明确而且非常精炼地介绍产品的技巧，这才是买家所需要的。买家希望能首先稍微了解一下他们的公司和产品，如果对某些产品确实有兴趣，再进一步了解，因此，这样的介绍将非常有效。

3. 专业的销售材料运用

要确保展示资料整洁干净，有明确的公司卖点信息，文字不能太多，使买家一目了然。熟悉资料的运用，避免过时信息。

运用图表必须说明要点，走势图表示趋势，柱状图表示信息数据，饼图表示百分比关系，流程图表示复杂的概念。

4. 注意接待用语

很小的语言差异往往会导致完全不同的接待结果，所以最好使用积极的语言，如“咱们一起来看看是什么问题”，就比使用被动语言“这个问题我们也不清楚”要有礼貌得多。此外，还会有一些情况。如果客户向你提出“某某在不在”这样的问题时，无论你是不是客户要找的人都不能说“那不是我部门的事”或者“我不是您要找的人”。

礼貌待客讲究即时应对，如主动打招呼以便让客户感受到您的热情接待，对客户提出的问题要做出准确而迅速的回答。

避免使用以下表达方式：

□ I don’t know

□ We don’t know that

□ Just a minute，I’ll be with you

□ Our policy is...

□ No

□ You have to call...

尽量使用以下表达方式：

- ☐ Let me find out for you
- ☐ Let me see how we can help
- ☐ Are you able to wait for a minute so I find someone to help you
- ☐ In most instances we can...
- ☐ We may not be able to ，but I will be happy to find out
- ☐ We recommend We suggest you...

5. 统一销售数据口径

统一对外销售数据口径，包括公司历史、规模、销售额、员工数、价格、折扣等。

展会期间，媒体也许会到你的展位找新闻。因此，一定要安排专人作为企业与媒体的联系人，以确保对企业的宣传口径始终如一。

6. 专业的提问能力

能针对客户提出专业的问题，并能专业地解答客户的问题。建议训练新手背熟相关问题及相关答案。

7. 良好的外语沟通能力

请参照附录 15“展中实用英语句型”，学习如何在展中快速掌握商展实用的英语句型与买家沟通。

参展人员应拥有良好的英语沟通能力，练习运用专业的商展用语。

了解主要地区客户的文化差异、谈判风格，不要以为所有的老外都会英文，不要以为所有的老外都不懂中文，所以出言时要小心。如果你想让自己在展会上有更多的精彩表现机会的话，建议多学些除英语外的其他外语，如日语、法语、俄语、西班牙语等。

8. 展中跟进客户的方法

很多展台销售人员在展中与潜在客户沟通后忽略了与客户约定跟进时间和方法。应向潜在客户询问展后什么时间、什么方法沟通较为方便，以确认我们的展后跟进计划。如：

If we were to follow up with you，what is the most convenient time for us to call you? Are morning best ?

Thanks for stopping by our booth!

9. 记录客户的联系方式

如客户所带名片数量有限或已经派完的话，可建议客户在留言本上留言，写出其联系方式及详细采购需求。

另外在向客户索取名片时，记得问其 MSN、SKYPE、YAHOO MESSENGER 等即时通讯在线联系方式，并记下其要采购的产品及基本要求。

10. 避免与客户争辩

展中与客户沟通时应避免与客户发生争论、反驳，否则最终会因赢得争辩而失去订单。不要“打破”客户的脑袋，要“打破”客户的口袋。

同时，避免过分承诺、担保、乞求客户等。

第八章
展会现场管理

现场管理和展中活动规划相当重要，是促销产品和树立企业形象的最佳时机。如何吸引客人驻足，如何找出潜在的客户，如何安排现场产品介绍的时段，如何筛选客户，如何接待客户，如何取得发放小礼品的最佳效果，如何管理现场运作等，都是需要仔细考虑的问题。

第一节　明确参展策略

展中如何突破销售成交障碍，参展前管理团队必须明确：

□ 明确定位公司的目标市场和目标客户。参照附录 2“展会目标客户”。

□ 公司及产品的竞争优势、独特卖点（体现在公司参展海报、广告、目录的内容上）。

□ 重点开发 VIP 客户（在展会期间安排约见 VIP 客户，注重新的 VIP 客户）。

□ 新产品开发方案包括客户信息反馈及市场需求调研。

业务团队 100％执行公司参展定位及上述策略：

□ 全员营销公司及产品理念（包括邀请函、熟悉展位陈列、产品销售方案）

□ 大客户开发及维护（大客户约会、个性化解决方案展示）

□ 展中市场信息收集

参照附录 9 “展中买家采访问卷”、附录 10 “竞争对手信息收集表”展后分析、回顾及跟进。

第二节　指定展台经理

展中工作是指展览会开幕至闭幕这一段时间的工作，是展览工作最重要的阶段，首先必须指定一位展台经理。展台经理须具备在展会现场高效、灵活、老练地处理各项事务的能力，包括制定基本展台工作规章、分配展台人员的工作、激励展台工作人员、负责展中与公司内外的协调和联系、接待重要客户、组织展会期间日常工作总结会议等。

展会经理/主管的主要职责

带领团队实现公司指派的销售目标。

□ 监控准备阶段的方案实施。检查展会布置、后备资源是否充足，检查销售材料。

□ 制定基本的展台工作规章制度。

□ 分配展台人员的工作，给每位参展人员分配除展位接待外的其他接待客户指标、指派销售高手在展位口筛选客户、再分配客户。

□ 提供展台现场销售培训。例如，如何吸引观众进入展位，如何开始和结束谈话，如何评估、筛选客户。

□ 确保收集的客户资料有效。

□ 激励展台工作人员。

□ 组织展会期间每日总结会议。

□ 负责监督展后撤摊、寄运工作。

第三节　展台管理工作重点

展台管理工作的主要内容包括：

□ 明确展台人员的职责指标

□ 分配接待客户的任务

□ 展中洽谈管理

□ 监督客户信息记录

□ 监督展会信息收集

□ 参与展期活动项目

□ 组织每日总结会议

□ 销售资料管理

□ 确保后勤保障

明确展台人员的职责指标

认真挑选团队成员（具体要求参照第四章“参展团队的培训和训练”）。

应确保销售人员、技术人员及高级管理人员的比例适当。当今展位工作人员专业知识不足是买家最大的抱怨之一，而买家来到展位参观时往往会就产品性能、价格及配送提出非常具体的问题。因此，务必保证展位上随时有工作人员能解答这些问题。展位工作人员必须态度积极，这样才能取得最好的参展效果，否则还会影响团队其他成员的工作积极性。

展会前应召开会议，向团队成员全面介绍展会的目标、展品情况、客户询问应对流程、服装标准、后勤流程及餐饮等各个事项，明确展台每个人员的职责，设定个人量化的销售目标。

根据参展人员的能力、经验，合理分配工作任务，包括洽谈贸易、联络公关、后勤保障、展会信息搜集等，凡事都应具体到人，主次分明，这样才能在实战中分工合作，相辅相成。（具体要求参照第一章第三节“如何制定参展目标”）

分配接待客户的任务

明确计划本次展会我们将接待多少位客户，将与多少潜在客户建立联系，与多少老客户保持联系、巩固关系。

邀请的老客户要列出名单，准备相关的资料和礼品，分配具体的接待人和接待时间。

将预约接待安排在观众人流较少的时间，以减少会谈时的干扰，熟悉的重要客户可以约他们在闭馆后共进晚餐。

展会现场要分辨哪些是潜在的客户，哪些是来看热闹的。潜在客户一般会问什么问题，安排哪些展台人员专门接待潜在客户。哪些专门应付随便看看的人，对于非潜在客户可以客气地打招呼，简略地答问题，尽快结束交谈。

展中洽谈管理

为了有效推销公司产品、服务和建立公司形象，使潜在客户对我们公司产生信任，对展出的商品、服务产生兴趣，使现有客户对新产品产生购买意愿，必须对展中洽谈的过程进行管理和监督。

☐ 关注客流高峰，中午前后留意每位经过的客户。主动招呼关注我们产品 5 秒钟以上的客户，尽量让他们坐下来仔细谈谈，给客户感觉你是诚信的供应商。

☐ 要积极地争取与现有客户签订新的贸易合同。

☐ 摸清展会中行业的价格水平。

☐ 业务谈判要严肃诚恳，不开玩笑。

□ 洽谈的原则是所有的人都应统一口径，不能出现政策不一致的错误，否则会招致买家的不满。这需要事前的培训，就引起误解的政策进行深入的交流，某一具体问题该使用什么样的说辞，面对不同买家该如何处理，这都需要做出细致明确的方案。

□ 实事求是，切忌不懂装懂，能够回答的问题就马上回答，必要时打电话向公司询问。

□ 对于没有把握的产品需求不要当场允诺，一旦承诺必须按质按期完成。

□ 对于展位相对较小而参展人员较多的企业来说，在展会现场和观众洽谈的空间会显得比较狭窄、拥挤，很难使交易顺利进行。有必要在展馆周围的宾馆、酒店租用会议室，或者在下榻宾馆的房间与客户接洽，这不仅可以创造较为宽松的环境，而且可以利用夜晚等闭馆时间更广泛、更深入地接触客户。

监督客户信息记录

展会经理要确保展会中展台人员按规定与客户交换名片、记录、归档等。

记录要尽可能准确，确保字迹清楚可认，联系方式完整，每天统计记录客户的数量。

详细记录每一个到访客户的情况及要求，不要凭事后记忆，尤其要记录第一天询价的潜在客户，建立展中有兴趣但不愿等候的参观者登记。

确保收名片，使用登记簿、记录表格、电子记录等常用的记录方式的有效性。

参照附录 8“展中客户面谈记录表”。

监督展会信息收集

收集竞争对手信息。在专业的展会上，几乎竞争对手和这个行业的上下游关联客户都会到齐，所以对你来讲是收集整个行业信息的最佳时机。

收集同行和竞争对手的信息包括：产品线、新产品、销售策略、公司卖点介绍、促销信息、价格、商业活动。

派相关人员参加关联的行业研讨会，了解行业发展趋势、动向。

分配展台人员走访关联展区，要求每人记录其他展位的销售技巧、布展技巧、礼品信息、促销手段、沟通和管理技巧，与我们的展位进行对比，博采各家之长，改进我们之短。

参照附录10“竞争对手信息收集表”。

参与展期活动项目

其中包括开幕式、新闻发布会、招待会、研讨会、晚宴、贵宾访问、买家采购会等。参展商应积极参与，充分利用这些机会来创造商机、宣传企业。

组织每日总结会议

每日展会结束后，展台经理要组织展台员工参加本日的工作总结会议，按照目标回顾每天的工作进展。目的是让参展团队明白哪些方面做得很出色，哪些方面需要改进，存在些什么问题和挑战，如何协调和解决才能使明天的展出更有效。

会议内容：

□ 每人回顾今天的工作目标、进展情况及各自面临的挑战

□ 展会信息收集分享

□ 讨论今天特别的案例，考虑明天再次发生如何应对

□ 讨论可能发生的问题

□ 讨论需改进的方面和改进措施

□ 明确明天的工作重点

□ 现场培训和分享

□ 激励团队

销售人员完成每日工作日志参照附录 11“展会工作日志”。

销售资料管理

销售资料管理是指展台目录、销售员名片、样品、礼品和销售信息的管理。

按照本次展会接待客户的需求量准备资料，确保老客户、潜在客户都能得到。为了保证展会期间的针对性发放，应按客户数、展会举办的天数来计划，掌握前紧后松的原则，避免真正的买家来到时没有名片、资料短缺的状况发生!

确保后勤保障

参展时后勤安排往往被许多参展管理人员忽略，其实参展只是业务启动的第一步，展中的沟通才是成交的关键。而且，只有良好的后勤保障与供应才能一直保持工作团队的战斗力。

1. 住宿安排

尽量选择展馆附近的宾馆，以免工作人员长距离奔波于宾馆与展馆之间。如果你的团队人员众多，则应租用专门车辆接送工作人员。应在展台为工作人员准备健康有益的食品及充足的软饮料。解决工作人员的吃住等生活问题，让其全身心地投入。

2. 制定展台工作时间表

让展台人员每 2 小时休息一下，合理安排足够的休息时间，以免过度疲劳而厌倦工作。排班表应传达到所有组员，以确保每人都随时清楚排班情况。

安排午餐时间，确保有专业人员照顾展位。

3. 确保展台财物安全

每日展会闭馆后应将贵重物品锁入办公室或柜子内，电话尤其容易被滥用。根据展品的价值，可考虑专门聘请展位夜间保安。

4. 保持展台整洁

安排专人负责展位的日常清洁和整理工作，及时补充展品资料，保持资料、展台的整洁。

提供舒适的工作条件和环境。

5. 撤展管理

参展前就应制订一份详尽的撤展计划，包括完成各项工作的时间安排、包装托运箱进馆时间、工人拆卸展台时间、展品重新装箱打包时间、参展物品离馆时间等。

□ 展品处理

展品处理是撤展第一项，而且是非常重要的工作。展品处理分出售、赠送、回运等不同方式，参展企业应根据实际情况选择对自己方便、有利的方式。

展品处理的一般规则是价值越大、使用范围越窄的就越要提前处理；反之，展品价值很小、使用范围很广，参展企业可以到展会闭幕时处理。

□ 撤除展台

由展会主办方统一设计搭建的标准展台由搭建布展单位统一撤除，参展商只需移走展品、清理现场即可；而由参展企业自行搭建布展的展台，撤除工作通常由当时搭建的施工公司负责撤除，委托合同条款对此应有规定。不论哪种情况，参展企业虽不用自己动手撤展，但都应参与配合，不能撒手不管、一走了之。撤展时间大约相当于布展时间的一半。

□ 扫尾工作

公司资料整理。一些重要的业务资料在展后应及时整理，这是参展成果，也是持续发展出口业务的依据，包括成交合同、新客户名录、观众接待记录、市场行情调研结果、回运展品单证、各种发票收据、展会主办方及有关支援单位联系方式等。

设备归还：

展会结束后，参展企业应将租赁的展具、道具、电话、桌椅、花卉及其他设备及时归还给展会主办方，并取回抵押的资金或证件。归还之前应注意保管，以免丢失后承担赔偿责任，相关人员还应及时结清所有账目。

现场清理。安排相关人员负责撤展工作，尽量避免提前撤展，展位的整洁很关键，客户来了看到有你公司标志的展位很乱，公司的形象会大打折扣。有条不紊地撤展，也是公司形象的另类展示。参展企业在完成撤展前要清除垃圾并清扫现场，将展场干净整洁地交还给展会主办方。撤退时注意不要忘记带走需要的资料。尤其是公司的洽谈记录资料、价格单、空白合同、多余样本，甚至客商名片等都应妥善处理，千万不能因为粗心大意而丢失公司机密。

第九章
展会后的追踪与管理

第一节　有效跟进展会中的销售线索

贸易展会是最快捷有效的 B2B 营销方式，它能够在同一时间、同一地点把某一行业中最重要的企业和买家集中到一起。利用这个贸易平台，买卖双方建立起面对面的联系。然而，据调查数据显示，86％的展会销售线索没有得到参展商的有效跟进，造成了参展企业人力、物力和财力的惊人损失。

你是否知道展后立即跟进销售线索的价值是 100％，一个月后跟进其价值只有 50％，但它仍然花费我们公司 100％的时间和精力去追踪。

销售线索的跟进远远胜于名片的收集。

下面的一些方法将帮助我们快速有效地跟进展会中的销售线索。

参展前备妥跟进材料

在展前参展商必须准备针对邀请客户和潜在客户两种版本的感谢信。内容大致包括：可以对其光临你的摊位表示感谢，并告知展会还在进行；

欢迎第二天、第三天……再次光临、洽谈业务；附上商展网页/公司网站的超链接。

此邮件在展会期间要及时跟进，展会的每天晚上发送给当天来到你展位的潜在客户，以表示对客户的重视，同时也是区别对手的营销手段。

注意此跟进邮件不要带附件，文件不要太大，方便客户出差中收发，邮件中标明展位地图、号码，方便客户寻找。

你也可以登录互联网选择图片卡，在展会期间向客户发送。

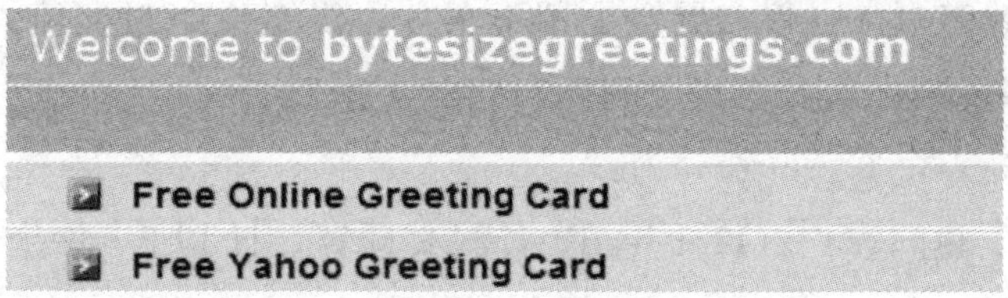

参展前准备的材料还可以包括在展后寄送的跟进材料。

一封简单的致谢函，附上备注说明的目录介绍、相关表格、客户级别定义等，确保你在展会结束之后甚至展会期间能即刻寄送出去。

制订销售线索跟进计划

参展商应于参展前建立明确的销售线索追踪时间表（参照第一章“制订参展目标与计划”），制订展会后 3～6 月的跟进计划或与下一届展会衔接的计划。

确定一位销售线索追踪经理负责管理，确定追踪时间表，优先安排热门客户的跟进工作，将展会线索按产品、地区、外销员能力、忠诚度、经验背景分配，并明确每人的目标，确保按时完成任务。

有了明确的展后跟踪计划和目标，你才能在买家对商展记忆犹新时开展跟进工作。忽视了展后的跟进工作，展前、展中的努力将付诸东流！

分类管理销售线索

展会结束后的首要任务是对展会期间的客户记录进行梳理，分门别类地输入电脑数据库。将展会上获取的销售线索按照客户的专业性、诚意度、感兴趣程度、职位等与客户对应起来，列入参展团队的评估并以此作为你展会后跟进工作安排的根据。

根据展会上与客户谈判的过程及记录结果，将客户分为：

☐ 正式客户——老客户。

☐ 潜在客户——对你的产品有明确的订购意向，需进一步跟进，确定具体细节的客户 。

☐ 无效客户——仅在展会上留下名片，没有进行过交流，且对方仅是收集一些资料的客户，即“打听行情的买家”。

或以 A、B、C、D 划分为：

☐ A= 热门客户（Hot lead）有购买预算，计划 3～6 个月内购买，需电话联系。

☐ B= 潜在客户（Warm lead）计划 6～12 个月内采购。

☐ C= 远期客户（Long－term lead）2 年后的采购计划，目前仅仅需要提供参考目录。

☐ D= 非客户（Non－lead）不需要跟进。

根据预期收集的展会反馈数量，安排一周或二周时间集中开展展后销售跟进工作。

展会后立即重新评估销售线索

展后销售线索分类后，应立即针对上述热门客户、潜在客户重新评估其购买兴趣。

主要的方式是通过电话（Telemarketing）、Fax 、反馈表和 E－mail 重新确认客户的购买兴趣和对产品的需求。在确认中你会发现，部分客户很有兴趣，部分“客户”联系方式有误，部分购买兴趣发生改变，有的客户还会告诉你他其实不是干这一行的……

一旦确认客户的购买兴趣及具体需求后，再寄出个性化的信件和公司介绍跟进。这样一方面显示出公司的专业性和对客户的重视，另一方面也使我们展后的追踪工作更有针对性，提供客户的回复更加个性化，同时也提升了客户回复和成交的比例。

笔者不建议在没有确认客户购买兴趣和产品需求前，展后每周给所有的潜在客户发出大量缺乏针对性的邮件，这会使你的邮件石沉大海！

发送量身订制的个性化跟进邮件

1. 热门客户

在展会结束的一周内，尽快使用电话与您的热门客户确认购买兴趣和具体需求，然后，向每一位热门客户寄送一份量身订制的展会跟进邮件，内容大致如下：

□ 致谢函

□ 公司简介＋公司网站超链接

□ 根据需求回答客户展中提出的“个性化”问题

□ 信守承诺，寄送新目录、样品、报价等

□ 保持联系

从展中的来访客户记录中获取客户个性化的兴趣点，在跟进邮件中力求满足对方要求，展开个性化服务，这是首次跟进邮件中至关重要的一步！

2. 潜在客户跟进

针对潜在客户级别按不同的客户兴趣，确定回复邮件的内容和格式。

建议展会后一到三周内答复，建议首先进行电话或邮件筛选，确认购买兴趣及产品需求，不要直接发报价单回复。

针对有回复的潜在客户，B级客户可以将简单的公司介绍与对方索取的材料一起寄过去，并鼓励对方访问企业的网站，以便了解更多的情况。

首次信件以销售经理名义发，以表示对客户的重视，同时介绍相关服务的外销员，建议客户直接和该外销员联络，也建议客户将邮件抄送给销售经理。

3. 远期客户

对C级远期客户建议发送一张有公司特色的电子感谢卡，用图案表明。

“感谢光临—Thanks for stopping by our booth”底部印有公司的联系方式、Logo、网址。也可以选择在线发送，如：http：//www.bytesizegreetings.com。

追踪销售线索的技巧

关于参展商普遍反映的跟进邮件发出后客户毫无反应这个问题，原因很复杂，客户所怀目的各不相同，有的不是真正的买家，有的是同行，有的可能暂时无成交的意愿，有的可能还没回国，有的可能是我们本身追踪邮件缺乏专业性……

若上述首次跟进后客户没有反应，建议一周后再发内容有所变化的邮件。内容可以再次提醒他们你的身份、一周前给他们发过什么样的信息，并问问他们是否需要进一步的资料或信息，询问一下是否回国。

如果两周后客户仍旧没有回复，则要考虑客户是否对你的产品不感兴趣或有其他原因。频繁地发邮件会引起客户的反感，不妨在接下来的第三次邮件中说明加上一条，如果贵公司不希望收到此封邮件，请回复说明，或在邮件中设置回执说明（如贵公司不想在最近3～6个月收到我公司新产品×××的推荐邮件，请点击回执），目的是测试客户的反应。

大多数展会的销售线索通常在展会后3～6月内转化为订单，那些与生产设备或高价值采购相关的销售线索可能需要更长时间跟进。因此，必须坚持不懈地定期跟进直到实现销售目标为止，否则销售线索将逐渐丧失其价值。

如果客户没有进一步反应，请将其级别降低，输入潜在客户数据库，每3～6个月追踪一次，可在下次参展时给他发邀请函。

追踪跟进时间请参照附录17“各国客户上班时间表”。

第二节　展会后不同客户的跟进策略

展会后，销售人员应根据展中获得的相关资料，采用不同的策略与不同类型的客户进行沟通联系，跟进销售和服务。以下是针对展会后不同类型客户的跟进策略建议。

针对展会现场签约的客户

针对这类现场签约的客户，在现场一定要摸清客户的真正意图，为何签约，哪一方主动，并和客户确认支付方式和期限。回来后首先给客户打电话确认并按承诺寄出相关的资料，同时要求客户按合同或在规定期限内汇定金或开证。千万不要没收到定金就开始组织货源或进料生产，将自己处于被动地位。

笔者在全国的培训和咨询中发现，这些现场和你签过合同的客户并不一定会立即给你付定金下单，有的甚至杳无音信。目前这种情况十分普遍，有些客户和你签过合同后，在其他的供应商那里得知有更好的价格或更好的产品，便会把单下给别的供应商；有的是回去后市场发生变化；有的是得知有贸易壁垒，决定改变或取消订单等。对他们来说，合同几乎没有任何制约作用，只是一种形式而已，相当于P/I（Performer Invoice）。

所以，针对现场签约的客户，我们参展供应商不要期望太高，同时也要谨慎沟通。建议在展会现场认真评估或收取一定的定金以测试客户的诚意度。展后追踪一旦出现签约客户迟迟不汇定金、不开证的情况，请及时与他们沟通了解原因。采取相应的措施，或将其降低等级处理。

针对现场无法谈妥的客户

针对展中由于某些条款无法谈妥的客户，回来后还是应该立即通过电话或邮件沟通。策略上不要立即妥协、退让，先说明我们的优势及带给客户的利益，或提供更多的附加值。看看客户的反应再做决定，如果客户能接受，那你就成功了；如果客户还是坚持先前的决定，你再妥协也为时不晚。

针对索要资料，要求寄样/打样的客户

针对这些客户在展中评估后，往往应在展后按要求寄出相关的资料和样品，但时常是样品寄出，石沉大海。原因可能是：客户在收到样品后与其他比较后没有选择你们的产品下单；市场发生了变化，客户公司发生变化；客户的不良动机等。

笔者认为展会中的沟通、评估、记录是关键。一般主要从三方面来评估：

1. 对产品和市场的专业了解及关注内容
2. 沟通中的诚意度、迫切度及意图
3. 对方的职位，在采购中的角色

针对专业客户，回来后便及时联系，把相关的资料发给他，回答关联问题。按公司寄样/打样的收费原则寄样。寄样前和寄样后运用电话、邮件跟进。如寄出样品后无回复也不要放弃，保持联系，有新的产品还应及时向他们进行邮件推荐，下次展会给这些客户发邀请信，以后还有合作的机会。

针对随便看看的过路客

在展会期间确实会碰到很多随便看看、问问的过路客。他们有的只留了名片，有的只拿了资料，留了联系方式。这些客户一般都没有深入交谈，展后跟进只能凭名片和现场记录，先通过查看他们的网址、几条

电话线、Fax、公司所处该城市的地段，查清他们的背景，再考察他们在当地是否代理过一些著名的品牌、主要经营的产品、与我们的匹配度，然后按照收集到的不同情况向不同客户发不同的资料和信件。

针对无网址客户建议用统一的邮件版本建立关系。内容可涉及感谢来访、介绍产品及公司网址链接、要求对方提供进一步背景信息。

展后邮件追踪最常见的问题是发出邮件后客户就没反应了。很多刚入行的外贸新人，拿着展会上客人的名片去追踪，每天发几十封毫无意义的邮件及传真，得到的回复屈指可数。很多客人询过价格，寄过样品后就杳无音信了。

对于这种情况，笔者建议邮件和电话结合使用，了解客户真正的意图，现在 IP、SKYPE、ICQ 是最好的沟通方法。

有些客户可能是不急需产品的客户，请耐心等待，掌握追踪技巧。有些客户在展会后并不马上回去，阶段性电话结合邮件追踪十分必要。

针对同行的客户

展会中也经常会碰到同行的买家来到我们的展位了解信息，沟通中发现他们已经和国内的同行在合作，有的还是很多年的老客户。那么针对同行、对手的客户展后应如何有效追踪呢？

笔者认为首先从心态上要积极，抓住销售机会但不能操之过急。指定有经验的外销人员负责追踪，他们必须具备良好的外语沟通能力，方便与客户利用电话和邮件交流，并具备基本的外贸知识，包括贸易双方国家的相关行业规定、渠道模式、产品要求、运输途径等。建立档案，收集对手客户的合作信息，如贸易方式、销量、价格、折扣、优势、劣势、联络手段、组织结构、出现何种矛盾等。

制订逐步接近对象的行动计划，包括选定对方能及时回馈信息的联络对象，准备投入多大精力、财力、人力、期望效果，以及若达成合作，允许做出什么样的价格让步和承诺。

首次邮件、电话沟通不要给客户太大的销售压力，强调行业信息的交流，就像客户来到你展位获取信息一样。

另外，你不能因为客户犹豫而失去信心。一定要有自信，要坚持不懈地努力，自信心有助于感染你的客户！

第三节　邮件跟进和回复技巧

参展商应如何有效回复

客户收到你很多的邮件和传真却没有回复，不是因为客户轻视你，而是因为你所提供的产品无法满足客户的当前需求。这时你应该做的是去发掘客户的当前需求，提供更多的产品、资料供客户选择。切忌盲目行事，主观地认为给客户提供的产品或资料是对的，不断催促客户回应。这将被认为是毫无意义的追踪邮件。

针对参展商展后应如何有效追踪销售线索，笔者曾采访过不少买家，他们不约而同地建议参展商在展后数周内继续跟踪一些在展会上没有做出结论的买家，因为买家会就特别感兴趣的某些问题与参展商进行探讨。他们举例说："如有时候可能供应商没有我们所要求的产品，但是我们会给他们描述这个产品的改进方法、具体要求。如果展会结束后几周内，这个供应商可以给我们一些反馈并且告知我们是否可以修改产品以符合我们的要求，我们觉得这就是非常有用的跟踪。但通常我们收到的不是我们感兴趣的改进产品，而是介绍一大堆其他产品，我们认为这样的跟踪是徒劳无益的！"

因此，供应商做一些关联的、针对买家兴趣的跟踪是非常有价值的。

如何提升展后客户的回复率

在展后跟进客户线索的工作中，参展商必须明白一点，来到展位的参观者并不都是我们的客户。展后联系的客户并不都会做出反应。但是，如果参展商在展中收集客户信息和展会后邮件的回复中注意以下几点，潜在客户的回复率将会明显提升。

□ 切勿盲目跟进，你收集到客户的背景信息越详细，你的追踪邮件就越个性化。你提供给客户的卖点信息越专业，客户向其下级客户推广的成功性就越高。必须深刻理解客户真正的需求是什么，这样才能有效地为他服务，赢得他的信任。展后从展会记录中发掘客户的兴趣点，并进行回复。只有了解、观察、评估展会客户的洽谈意向，展会后的跟进工作才能真正做到有的放矢。

□ 展会期间尽量多收集来访客户的信息、记录名片上没有的信息，如客人关注的是什么，价格、款式、准时交货、总代理、认证、新产品、R&D……

□ 他在找什么样的产品和供应商，他愿意和什么样的业务伙伴合作？

□ 了解客人来到我们展位的初衷，如已采购后想了解行情、急于下单、在挑选供应商还是在开发潜在合格的合作伙伴等？

□ 你的外贸信函要有质量，写邮件的时候要表现出专业水准，如专业的产品名称表达、对产品的特点描述、价格、包装、生产时间、付款方式及专业有效的报盘等，让客人感觉你是一个非常专业的供应商。

□ 在邮件内容中唤起客人的记忆，用明确的标题吸引买家注意力，如：100 Canton Fair Sales。

参展商通过邮件重新介绍自己并提醒上次交谈的细节，提及客户具体感兴趣的产品 XXX，附上展会上的合影。

□ 邮件直奔主题回答客户有兴趣的问题。

如：

Dear ABC,

I've highlighted three items. I think these will be of interest to you.

(1)

(2)

(3)

□ 避免用随便报价的跟进邮件来吸引客户。

□ 为客户定制专业的报价单。

包括下列内容：

■ 报价单的名字：报价单＋客户名字＋日期，如 Quotation－ABC－18－2－2008

■ 报价单的内容及格式

■ 报价单顶端左侧为公司的 LOGO，右侧为公司名称及联系方式

■ 报价单包括的项目

■ 产品名称、图片

■ 产品特点

■ 产品的 MOQ、单价

■ 规格及包装方式

■ 样品条款

■ 生产周期

■ 发货时间

■ 质保条款

■ 装箱规格、数量

■ 支付手段

■ 银行账号

□ 建议采用邮件与电话结合的方式跟进询问客户的新需求，了解客户的兴趣点。

□ 注意不要群发邮件，避免跟进邮件无差异化。独特的企业和产品的卖点、有竞争力的价格、准时的交货期、及时的专业回复和处理、个性化的服务，是驱使客户回复你的动力！

第四节 展后管理技巧

建立展会客户数据库

展后以展会名称、日期、客户名称、客户级别、关注产品、洽谈结果等要素在电脑系统中建立潜在客户数据库。明确客户的来源、每次累积的客户数量，以锁定专业买家。以上数据库建立也可采用软件的形式来管理。

对于合作客户，应增加个性化信息，如生日、家庭成员、习惯、爱好等。经常更新数据库信息，如地址、人名、电话、Fax 等。

展会客户数据库建立请参照附录 14“展会重点客户档案卡”。

建立销售汇报体系

销售经理跟踪展会的所有销售线索，在分配销售线索时应采用销售管理表格，要求销售人员定期记录和汇报销售线索跟踪进度，每周或每两周进行一次销售业绩回顾，直到销售线索跟踪结束为止。

展会后与客户建立关系

为获得客户的信赖，在展后与客户建立起牢固的关系，应注意以下几点：

□ 建立企业的专属网站，对网站进行必要的维护和定期更新。

□ 注册企业专用的电子信箱。出口企业把自己的电子信箱建立在公共网站上，客户会由此怀疑出口企业是否真正具备实力。

□ 要在全球知名的电子商务网站发布企业和产品的相关信息。

□ 多参加各种国际性的贸易洽谈会或博览会。

□ 阅读与所从事行业有关的报刊，了解有关行业的全部信息与技术。

- □ 展会后应创造机会拜访目标市场客户，了解市场动态。
- □ 经常关注客户网站的信息变化动态，了解目标市场趋势。
- □ 主动发送新产品信息给目标客户。
- □ 主动邀请客户访问我们的网站和公司。
- □ 主动了解客户经常参加哪些国际商展。

第十章 展后的业绩评估与报告

第一节　展后的业绩评估

展会后的工作包括销售业绩统计、客户资料整理、展前的准备、展中销售工作的回顾及总结。不少的参展企业忽略了这些总结工作，忽略了展览会效果的评估。

要想从本次展会中获得最大的投资回报率，参展团队必须在展会后立即做好如下总结工作：

- □ 参展人员展后的总结
- □ 展出效果的分析
- □ 展后的目标达成评估
- □ 展台工作人员技巧的总结
- □ 问卷的分析
- □ 竞争对手的分析
- □ 参展行为的媒体反应
- □ 统计参展的费用
- □ 撰写展后总结报告

参展人员展后的总结

参展仅是与客户建立关系的第一步，所以展会结束后应在印象深刻时召开总结评估会议。参展人员和非参展人员都参加，由参展人员分享展会的性质、客户特点、所见所闻、体会、照片等参展见闻。

有效的客户追踪远远重于名片的收集。

做好业务跟进，电话回访客户，检查跟进签约客户，做好产品报价、生产安排等工作，订单确认后尽量跟进每笔订单。

分配展中收集的销售线索并建立销售线索跟踪汇报机制。要求每一位销售人员定期向主管汇报各自负责的所有销售线索的跟踪进度、目标达成状况。

对于某些大中型外贸企业而言，由于派出的参展人员有限，回来后需将销售线索移交给整个外销团队去跟进。如何避免移交后的销售线索因无效跟进而荒废，笔者建议管理者注重下列移交内容：

□ 参展者应向非参展者介绍参展成果、面临的挑战。

□ 个性化的客户分析，将展中记录的客户信息分不同等级详细分析，客户的洽谈意向、目标市场、关注要点、客户的专业度、下单意向等。

□ 向跟进者提供在职咨询。参展者在移交中应向相关的跟进人员提供第一次邮件、电话的内容建议，并为非参展人员提供日后咨询支持，确保回复和跟进的有效性。

□ 被移交的销售员应在移交的过程中记录相关信息，针对热门客户应在移交后立即进行电话和邮件跟进。

展出效果的分析

展会结束后应立即进行效果评估，以便不断自我改进。参展商越清楚地了解自身在展会上的表现，越有助于今后的工作改进。

关注以下方面你是否做得有效：

□ 展位位置：方便客户找到吗，是否接近人潮流量大的地方，是否靠近入口或出口处，是否避免了柱子、头顶上的管道、会议室、灰暗区域。

□ 展位尺寸：是否考虑了展品数量、预期买家数量、参展人员数量等因素。

□ 展位设计：是否有明确的产品/服务诉求点、是否有方便进出的"交通"路径、展品陈列是否方便接近、是否容易获取宣传材料、是否具备了会谈、咨询、展示功能。

□ POP 配合：专业、清晰的设计，独特卖点，精炼的语句，方便阅读的大号字体，统一的公司形象。

□ 展前展中推广的效果：推广是否具有成本效益，展会礼品、展前推广进行得如何，个人邀请函、广告（贸易出版物、当地媒体）、直邮广告、电话推广等。

□ 展会流量统计分析：根据主办机构提供的参观者数据，分析展会的专业客户数量和质量，以及来我们展位的买家数量和质量。

展后的目标达成评估

为对参展目标进行有效评估，在展前设立清晰的目标是不可或缺的。展后的目标达成评估应该从具体有形的销售目标和整体无形价值两方面考虑。

1. 有无达到销售目标

□ 收到名片＋相关记录客户数

□ 成交额

□ 成交笔数

□ 意向成交额

□ 实际成交额

□ 与新客户成交额

□ 与老客户成交额

□ 展览期间成交额

□ 预计后续成交额

□ 带来多少销售线索

2. 注重整体无形价值

下面这些参展效益尽管无法以具体精确的方式界定，但仍对企业参展的整体价值意义重大。

□ 企业知名度、形象。

□ 客户忠诚度、优化客户关系。

□ 国际/国内市场、信息、客户/市场认知度，在展会后抽样调查展会观众对你公司及展品的印象程度。

□ 信息收集：买家对我们展品的反馈、竞争对手的信息、技术动态、行业信息。

□ 参展技巧：包括布展技巧、推广技巧、展中与买家的沟通技巧、客户追踪技巧。

□ 新人培训、激励团队合作精神等。

展台工作人员工作技巧的总结

□ 如何吸引买家参观

□ 如何吸引买家进入你的展位

□ 如何现场评估真假买家

□ 展中的沟通技巧

□ 收集买家信息的技能

□ 商展的销售礼仪

竞争对手的分析

调查竞争对手派遣多少人参展，面积多大；他们本次参展的重点是什么，有哪些新的促销活动、目录；展位流量如何，有没有你的展位参观者提到他们。

找出自己的产品、销售人员、展品、宣传资料、顾客评价和展会前的营销策略及其在实施效果方面与对手的差距。

将这些资料收集完备后，就要通过以下问题来评价这些差距。

☐ 这差距是积极的还是消极的?

☐ 差距有多大?

☐ 是什么造成了这种差距，什么时候造成的?

☐ 在买家眼中，这种差距对你有何影响?

☐ 你如何应对这种差距，你的竞争对手如何应对?

☐ 如果是你占据极大优势，你的竞争对手是否很容易赶上?

☐ 你将如何保持这种优势，可以保持多久?

☐ 除了竞争对手，还有什么因素会影响你的这种优势?

统计参展的费用

衡量参展成功的方法应基于：

☐ 预算控制（费用 vs 收入）

☐ 每平方米成本（= 总费用 / 展台面积）

☐ 每位参观者成本（= 总费用 / 展台参观者数量）

☐ 每个高质量销售线索成本（= 总费用 / 高质量销售线索数量）

☐ 对邀请的回复（=展前邀请的参展者数量/应邀前往的参观者数量）

以上分析的结果对提升未来参展的投资回报率非常有用。

第二节　撰写展后总结报告

展会后必须以报告形式向管理层汇报上述评估结果，结合目标实现状况，提出未预期到的情况、改进措施、未来挑战等。良好的总结报告能为下一次参展活动积累宝贵经验，因此，务必认真总结和回顾!

总结报告必须简洁明了，方便阅读，用具体数据、照片、事实、问卷等说明，也可以以简报形式报告。

下面的总结报告框架为我们外销团队展会后撰写总结报告提供了架构和思路。

总结报告框架

1. 背景

商展名称/时间/地点/目的/参加人数/投资费用。

2. 观察

对展会的综合观察评估，包含以下几点：

□ 内部观察

买家对我们的反馈，包括产品、服务、价格、认证、研发等。

□ 外部观察

我们对竞争对手、行业信息、新竞争品牌、新市场及产品技术动态的观察和了解。

□ 对展会的观察

买家的总体质量、展会的整体客流量、来我们展位的客流量。

3. 建议

在评估参展效益之后，应分析总结成功经验及失败原因，以便将来提高。如果未能达到预期目标，原因何在？是展会主办机构的原因，如观众数量、质量不理想，管理不力等，还是自己的原因；仔细检讨参展活动的各个方面，包括计划、预算、展台设计、宣传及员工表现以及我们是否还会参加该展会；是扩大展位还是缩小展位；是在原地还是有新的建议；展品是否需要调整等。

提出对管理层的建设性建议（非抱怨）。

4. 预估

预估应取得的有形、无形业绩。用事实、数据说明有无达到销售目标，收到名片并记录相关客户数、成交额、成交笔数、意向成交额、与新客户成交额、与老客户成交额、展览期间成交额、预计后续成交额。

同时，注重整体无形价值、企业知名度、形象、客户忠诚度、国际/国内市场信息、产品信息的掌握程度、销售人员业务水平的提高等。

参照附录12“展后总结报告（结构样板）”。

第十一章
外贸参展管理流程

第一节　准备阶段

1. 制定有效的参展目标

□ 设定团队和个人的 SMART 目标。

■ 维护客户关系

■ 开发新客户目标

■ 销售成交目标

■ 提升公司形象目标

■ 市场调研目标

■ 推广产品、服务目标

□ 案例：

■ 参加 2016 年芝加哥五金展开拓 5 家分销客户，至年底完成 50 万 USD 销售目标。

■ 参加 2018 年法兰克福展邀请 80 位客户，接待 50 位老客户。

■ 参加 2017 年秋季广交会定 200 平方米特装展位，展示公司专业形象。

■ 参加迪拜展了解中东市场采购渠道、接受价位、支付手段，展后完成调研报告。

■ 参加 2020 年秋季广交会重点展示、推广公司 ABC 三大系列新产品。

2. 展位的选择与搭建（订立合同）

展位应选择有利位置，主要考虑入口、出口、中厅、休息区、餐饮区、洗手间附近等人流密集地段。避免选择死角、头尾段、有墙柱障碍等展位。应对人流方向进行预测，以决定最佳的展台展示方向。

展位的大小可根据具体需要选用标准展位、双展位，36 平方米光地原则上建议选择非标准展位（特装展示）以适公司形象策略。

展位选择前应了解附近展位的厂商信息和展示方式，并做出必要的设计调整。

从主办方推荐的搭建商、网站搜索、老服务商中挑选合适的搭建商，并设计搭建方案。

展台布置的基本原则为：

□ 远观效果醒目有冲击力，近观效果舒适、明快，整体效果协调 。

□ 展位结构和图片序列应考虑人流密度和流向，无论标准展位还是特型展示，都必须增加照明灯光。

□ 展品和图片的展示高度应符合人体身高和视角

□ 展区微观细节构造应考虑：展台、展架、展示墙、标牌、标识、洽谈区，图片设计、说明性文字、动态屏幕演示系统、布展使用材料材质（一次性/重复性）

展示空间时应重点考虑：四面开敞式的岛屿空间（图 1）、三面开敞（图 2）、通透可做过道（图 3）、多开敞面空间（图 4）。

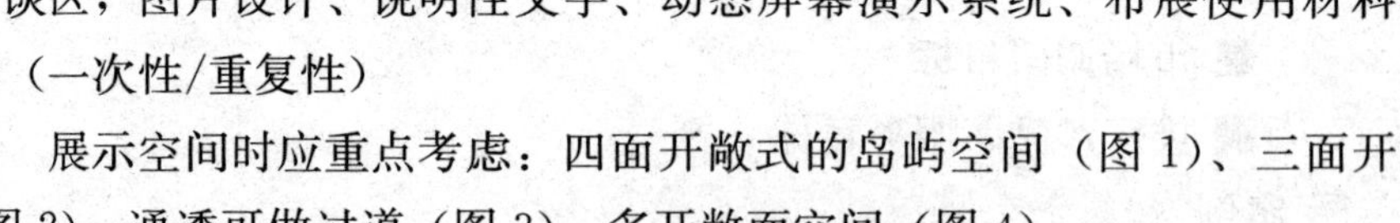

图1　图2　图3　图4

3. 展品及宣传资料准备

根据展位的设计图，选择合适的展品参展，并编制根据展会的预计客户来访量携带足够的目录，展会结束后，需对展会所用目录数量进行统计。

4. 礼品及文具道具准备

根据展会来访数量，携带好赠送客户的礼品。根据展会的规模大小，携带必要的文具道具，参照附录4“参展文具/道具清单”

5. 参展人员行程安排

根据展会的预算与决算，合理控制费用，安排好行程。

6. 客户邀请及展会营销

在参加展会前三个月，在公司网站/B2B网站上发布报道，以扩大知名度。

参展前应邀请潜在客户、合作客户、目标客户及上次来我们展位的客户前来参加。展会开展前一个月业务部按部门确定拟邀请客户名录，根据确定的客户名录在展前一个月内集中发送展会邀请函，并记录相关邀请情况。

对于重点需要邀请的客户，有必要通过邮件、电话、MSN、SKYPE、传真、Twitter（推特）、FaceBook（脸谱）、Linkendin（领英）、WhatsApp、WeCheat（微信）等社交媒体方式进行邀请。

对于普通等级的客户，通过统一的邮件进行邀请，并记录是否来访。

对于预约来访的客户，业务部的参展人员应提前将来访客户资料、拟洽谈内容、客户面谈备忘录收集准备好。

7. 制定参展人员工作职责

职能一：负责展会有关的后勤事项。

□ 展位搭建验收

□ 展会合同/领取进馆证

□ 点检展会用道具、POP、工具、文具等及其他后勤事项

□ 出发车辆安排和人员召集、返回车辆安排，并提醒其他人员有关事项、提供有关资料

☐ 展会期间的开支及记账。

☐ 机票/通行证、手机卡

☐ 展品清查及回运，公司发运或随身携带

职能二：负责与展会有关的宣传。

☐ 洽谈资料：销售资料、目录、播放资料、海报

☐ 客户来访实际统计、展会期间来访客户拍摄

☐ 负责供应商、竞争者的信息调查

职能三：负责展会客户接待、洽谈、信息搜集方面的工作。

☐ 洽谈记录、展品及服务展示和销售

☐ 展会期间的每晚小结、完成每日展会日志

☐ 客户资料整理

职能四：主管负责关键客户接待，了解收集行业竞争信息。

☐ 新品、产品趋势

☐ 海外市场动态

☐ 协助销售团队解决疑难杂症

☐ 寻找新的销售机会

8. 培训参展人员

培训内容：

☐ 参展目的

☐ 现场接待客户洽谈流程

☐ 客户邀请方法、邀请函要素

☐ 职责分配（展前、展中、展后工作安排）

☐ 展会时间表

☐ 信息的收集（供应商、竞争对手信息、客户的各种反馈）

☐ 新产品展示

☐ 展览必要常识（当地风俗礼节、展会性质等）

☐ 行为规范和礼仪，全体参展人员要求统一服装；态度亲切主动，举止合乎礼仪；谈吐规范，富有热情

第二节　参展阶段

1. 展位评审与布展

在参展前，搭建方须把制作好的展台拍照，发给展会组织者评审，对于不吻合之处，搭建方需改进后拍照重新反馈供评审，直至通过。

在展会现场需按照展位设计图纸，进行现场验收，与图纸上有出入之处要求搭建方立即改进。验收项目有展架外形及功能、材质、灯光效果、海报、播放器等。

按照展位设计图纸进行布展。

2. 业务接待和信息收集

按照业务接待流程实施接待，并详细记录与客户洽谈的内容，参照附录 8“展中客户面谈记录表”。展会现场需有专职人员负责展会的信息考察与记录，并将所考察信息汇总。

3. 每日例会

每天晚上对一天的展会效果做个小结，会后及时提交每日工作日志。参照附录 11“展会工作日志”报告。

第三节　展后阶段

1. 展会小结（移交总结）

展会后要开会回顾总结，将展会接待的销售线索进行分配及移交相关人员跟进，跟进人员应包括参展人员和非参展的外销人员。参展人员分享参展经验、体会及照片，介绍展会成果及面临的难题，并针对移交的客户线索进行个性化分析客户，如洽谈氛围及意向，客户专业度、下单意向等信息。同时，参展人员应向跟进销售员提供在职咨询尤其是第一次邮件建议，为非参展人员提供支持，确保回复有效性。

展会结束后，需将展会相关的资料存入公司文件资料库，如市场营销资料、行业情报、竞争信息、展会资料更新等。

2. 展会报告

每次展会完成后需提交附录12“展后总结报告（结构样板）”，其中包含对展会效果的评价、经验及教训，对展会的评价、潜在的商机等，同时从业务业绩方面去统计展会的效果，包括展后3～6个月的成交业绩。

3. 重点客户跟进

销售经理跟踪展会的所有销售线索，采用销售管理表格分配销售线索，要求销售人员定期记录和汇报销售线索跟踪进度，每周或每两周一次销售业绩回顾，直到销售成交为止

业务员及时做好客户跟进，建立客户名录，并在进一步客户分析、分类、分级的基础上，甄选目标客户，评估销售机会，制订客户跟进计划，具体方法参照附录13“展后重点客户跟进表”。

附录

外贸参展流程管理工具包

附录 1　展会信息及参展提案

<table>
<tr><td colspan="5">展会名称：</td></tr>
<tr><td colspan="2">时间：</td><td colspan="2">地点：</td><td>主办单位：</td></tr>
<tr><td colspan="2">承办单位及联络方式</td><td colspan="3"></td></tr>
<tr><td rowspan="3">评价</td><td>与我们关联性同行参与状况</td><td colspan="3"></td></tr>
<tr><td>影响力</td><td colspan="3"></td></tr>
<tr><td>往期效果</td><td colspan="3"></td></tr>
<tr><td rowspan="3">评价</td><td>营业执照</td><td></td><td>承租展馆核实</td><td></td></tr>
<tr><td>许可证</td><td></td><td>主办单位核实</td><td></td></tr>
<tr><td>其他</td><td></td><td></td><td></td></tr>
</table>

续表

<table>
<tr><td rowspan="5">参展提案</td><td>参展方式：</td><td>展出费用：</td></tr>
<tr><td>展位选择：</td><td>参展人员：</td></tr>
<tr><td>展示产品及服务：</td><td rowspan="3">备注</td></tr>
<tr><td>广告平台：</td></tr>
<tr><td>其他活动</td></tr>
<tr><td>评审：</td><td colspan="2"></td></tr>
<tr><td>提案人员/部门</td><td colspan="2"></td></tr>
</table>

附录 2　展会目标客户

<table>
<tr><th>#</th><th>目标市场
（国家或地区）</th><th>目标客户
类型Ⅰ</th><th>客户关注点
兴趣点</th><th>目标客户
类型Ⅱ</th><th>客户关注点
兴趣点</th><th>备注</th></tr>
<tr><td></td><td></td><td></td><td></td><td></td><td></td><td></td></tr>
<tr><td></td><td></td><td></td><td></td><td></td><td></td><td></td></tr>
<tr><td></td><td></td><td></td><td></td><td></td><td></td><td></td></tr>
<tr><td colspan="7">高预警度客户：</td></tr>
<tr><td colspan="7">高预警度国家：</td></tr>
</table>

附录 3　参展预算表

展会名称：　　　　　　　　　　　　　　　　　　　　　　　日期：

类别		项目	预算	实际（备注）
展位费用	标准展位	● 标准展位费 ● 展板设计制作费 ● 家具租赁费 ● 租宽带费 ● 花草、水、冰箱、电视等 ● 额外电力费 ● 额外照明费 ● 额外家具租用费 ● 备用		
展位费用	特装展位	● 场地费 ● 施工管理费 ● 展位接电费 ● 展位设计施工费 ● 宽带租用费 ● 家具地毯租用费 ● 清洁费 ● 花草、水、冰箱、电视背投、等离子等租用费 ● 备用		
展品运输费用		● 展品往返运输装卸费 ● 仓储费 ● 保险费 ● 关税		

续表

类别	项目	预算	实际（备注）
宣传促销费用	● 展会会刊广告费 ● 展会现场广告费 ● 宣传资料设计，印刷费 ● 目录设计，印刷费		
	● 公共关系活动 ● 直邮信函 ● 展会礼品 ● 摄像摄影 ● 备用		
人员费用	● 住宿费用 ● 交通费用 ● 餐饮费用 ● 现场翻译费用 ● 礼仪小姐 ● 备用		

附录 4　参展文具/道具清单

序号	物品	现有展会用（数量）	备注	需要采购
1.	插线板			
2.	网线			
3.	回型针			
4.	橡皮			
5.	502			
6.	燕尾夹			
7.	荧光笔			
8.	铅笔			
9.	笔（水笔＋圆珠笔）			
10.	麦头笔			
11.	双面胶			
12.	钉书机			
13.	卷笔刀			
14.	钉书针			
15.	刀			
16.	剪刀			
17.	笔筒			
18.	直尺			
19.	透明板			
20.	果盘			
21.	卷尺			
22.	名片			
23.	抹布			

续表

序号	物品	现有展会用（数量）	备注	需要采购
24.	小透明胶			
25.	起钉器			
26.	空白打印纸			
27.	黄色封箱胶带纸			
28.	糖果			
29.	润喉片			
30.	邦迪			
31.	风油精			
32.	遮布（蓝色的）			
33.	色卡（面料，颜色）PANTON 卡			
34.	报价单			
35.	纸板箱			
36.	工具箱（螺丝刀、钣手、不同规格起子等）			

附录 5 展会项目进展管理表

内容	截止日期	负责人	进展	备注
联系主办方取得初步资料	6 月 1 日	张勇	★	
选定场馆和面积	6 月 15 日	王珊	★	
确定预算计划	6 月 30 日	王珊	→	
选择并确定准备参展产品	7 月 25 日	张勇	⊙	
完成海报版面设计制作	8 月 30 日	张勇	▲	
确定参展人员名单	9 月 1 日	李立	★	
训练参展员工	9 月 1 日	李立	→	
制定展后追踪时间表	9 月 2 日	王珊	→	
评估参展预算及项目时间表	9 月 2 日	王珊	→	
确定参展人员工作职责	10 月 2 日	李立	⊙	
确定参展货物达到情况	10 月 8 日	林兵	X	
访问当地顾客	10 月 12 日	林兵	★	
布置展位	10 月 13 日	李立	★	

★表示完成任务

→表示项目进行中

▲表示项目有问题

⊙表示项目重新分配

X 表示项目取消

附录6 客户邀请与来访统计表

序号	来访公司名称	邀请时间	来访时间	洽谈地点	来访人员姓名	客户状态	客户类型	接待人员	备注
1.									
2.									
3.									
4.									
5.									
6.									
7.									
8.									
9.									
10.									
11.									
12.									
13.									
14.									
15.									
16.									
17.									
18.									
19.									

附录 7　展中客户信息收集卡

商展名称：______________________　展出日期：__________
客户姓名：______________________　职　　位：__________
公司：______________________________________
地址：______________________________________
电话：__________ FAX：__________ Email：__________
http：//______________________________________

客户的职位：
☐ 决策者　☐ 买手　☐ 技术人员　☐ 终端用户　☐ 使用者　☐ 设计人员
☐ 顾问　☐ 秘书　☐ 行政/助理　☐ 决策团队　☐ 研发人员　☐ 其他影响者

评估项目：

☐ 影响采购的关键要素是什么？

____

☐ 首次采购或补充采购预算和采购量？

____

____

☐ 客户目前采购到了哪个阶段？

____

____

☐ 客户与我们的匹配度，吻合度？

____

____

☐ 了解客户的采购用途是自己用还是为上下游客户采购？

____

____

☐ 客户的迫切度如何？

____

____

☐ 会谈约定、评估

____

展位代表签名：__________ 日期：__________ 时间：__________

附录8 展中客户面谈记录表

××××××交易会

附名片

时间：________

客人类别：　□老客人　□过去未成交　□新客人

来客情况	男（　）人，女（　）人。 最高职位 □ CEO以上 □ Director □ Manager □ Supervisor □ Assistant
洽谈产品	□ 1 □ 2 □ 3 □ 4 □ 5 其他________
客户类型	□ 零售商 大约____店面 □ 经销/分销商 □ 品牌商 □ 其他
敏感类型	□ 质量型 □ 专业型 □ 技术型 □ 个需型 □ 关系型 □ 工厂型 □ 价格型
洽谈事项	1. 2. 3. 4.
需求记录	1.
客户	服务 □ 名片 □ 产品目录 □ 光盘 □ 客户调查表 □ 报价 □ 饮料 □ 产品讲解 □ 互动演示 □ 合影 □ 摄影 □ 小礼品 □ 经理接待 □ 总经理接待
承诺客户事项	
客户初步评估	专业性：□ A □ B □ C □ D 【注：针对________产品】 规　模：□ A □ B □ C □ D 购买性：□ A □ B □ C □ D
与客户约定跟进计划	

附录 9　展中买家采访问卷

客户名称：________________________国家/地区：____________________

职位：

☐ 决策者　☐ 买手　☐ 技术人员　☐ 终端用户　☐ 使用者　☐ 设计人员

☐ 顾问　☐ 秘书　☐ 行政/助理　☐ 决策团队　☐ 研发人员　☐ 其他

客户型态：☐ 进口商　☐ 批发商　☐ 代理商　☐ 零售商　☐ 工厂　☐ OEM

☐ 其他

客户经验：____

采访题目：

☐ 你对我们产品有些什么建议？

____

____

☐ 我们的产品如在哪些地方做些改进会更适合（欧洲市场）？

____

____

☐ 针对我们这类产品你的市场有些什么认证需求？

____

____

☐ 假如你采购我们这类产品最关注的是哪 3 点？

____

____

☐ 你觉得这类产品发展趋势会朝哪些方面发展？

____

____

☐ 您与中国供应商沟通时最大的挑战是什么？

____

____

☐ 您为什么选择我们的产品？

____

____

____

☐ 什么原因使您购买我们的产品而非其他供应商的？

____

____

☐ 您觉得我们的产品和服务还需要哪些改进？

____

____

备注：

____

____

采访者：__________日期：__________时间：__________地点：__________

附录 10　竞争对手信息收集表

公司名称	摊位号码	摊位面积	展位设计	展品情况	新品信息	客户及供应商信息	备注

附录 11 展会工作日志

展览会名称				展览会时间	
业务部门		参展人员		日志日期	

客户情况：（记录当日客户来访的总数，来访的潜在客户名称，首次来访客户中较有实力或与我方有发展潜力的客户等，以及客户对我方的各种评介及建议等。）

来访重要客户名称：

客户对我方的评介及建议：

产品情况：（记录当日被询价频率高的产品系列或单品，产品款式及工艺细节等需改进的方面；对展品的选择和对今后产品开发的建议等）

1. 被询价频率高的产品系列或单品：
2. 产品款式及工艺细节等需改进的方面：
3. 展品选择的建议：
4. 对今后产品开发的建议：
5. 其他：

报价情况：

需在展会期间提供的支持或培训：

其他情况：（记录政府、机构和媒体等来访情况，供应商等来访情况；对展览组织的改进建议等；对展位的设计和布置的改进建议等；对日常工作的建议和参展感想等。）

附录12 展后总结报告（结构样板）

会展名称：________________________________

时间：________________地点：________________

参加人数：________________投资费用：________________

参展目的：________________________________

参展业绩回顾

有无达到销售目标，成交额：

____

企业知名度、形象，客户忠诚度：

____

____

国际/国内市场信息，产品信息：

____

____

参展技巧，布展、现场沟通技巧：

____

____

参展的综合观察评估：

内部观察：

____

____

外部观察：

____

____

对展会观察：

____

____

建议：

____

____

报告者：________________职位：________________日期：________________

附录 13　展后重点客户跟进表

业务员：　　　　更新日期　年　月　日

#	重点跟进客户简称	国家	业态	是否合作客户	来源	级别	展中洽谈、评估结果	备注：跟进进度及需公司配合，支持方面
1								
2								
3								
4								
5								
6								
7								
8								
9								
10								
11								
12								
13								
14								
15								
16								
17								
18								
19								
20								
24								
25								
26								
27								
28								

附录 14　展会重点客户档案卡

公司名称＿＿＿＿＿＿＿＿＿＿＿＿＿＿＿＿客户代码＿＿＿＿＿＿＿

公司地址：（城市/省/州/国家/邮编）

＿＿＿＿＿＿＿＿＿＿＿＿＿＿＿＿＿＿＿＿＿＿＿＿＿＿＿＿＿＿

公司电话＿＿＿＿＿＿＿＿＿＿＿＿电公司传真＿＿＿＿＿＿＿＿＿＿

电子邮件＿＿＿＿＿＿＿＿＿＿＿＿公司网站＿＿＿＿＿＿＿＿＿＿＿

客户来源＿＿＿＿＿＿＿＿＿＿＿＿通常参加的展会＿＿＿＿＿＿＿＿

业务类型：☐ 零售商　☐ 批发商　☐ 进口商　☐ 代理商　☐ 制造商　☐ 采购中心　☐ 其他

成立年份＿＿＿＿＿＿员工总数＿＿＿＿＿＿年订单量＿＿＿＿＿＿＿

国际认证需求＿＿＿＿＿＿＿＿＿＿＿＿主要客户/渠道＿＿＿＿＿＿＿

经验/知识＿＿＿＿＿＿＿＿＿＿＿＿＿＿＿＿＿＿＿＿＿＿＿＿＿＿

关注产品：

产品 1＿＿＿＿＿产品 2＿＿＿＿＿产品 3＿＿＿＿＿产品 4＿＿＿＿＿

客户级别　☐ A　☐ B　☐ C　☐ D　☐ E　☐ F

主要联系人：

联络人姓 1＿＿＿＿＿＿名＿＿＿＿＿＿性别＿＿＿＿＿部门＿＿＿＿＿

职务＿＿＿＿＿＿即时联络（MSN / ICQ）＿＿＿＿＿＿＿＿＿＿＿＿

手机＿＿＿＿＿＿＿＿＿＿＿家庭电话＿＿＿＿＿＿＿＿＿＿＿＿＿

时差＿＿＿＿＿＿

愿意接受信息的方式：＿＿＿＿＿＿＿＿＿＿＿＿＿＿＿＿＿＿＿＿＿

联络人姓 2＿＿＿＿＿＿名＿＿＿＿＿＿性别＿＿＿＿＿部门＿＿＿＿＿

职务＿＿＿＿＿＿即时联络（MSN / ICQ）＿＿＿＿＿＿＿＿＿＿＿＿

手机＿＿＿＿＿＿＿＿＿＿＿家庭电话＿＿＿＿＿＿＿＿＿＿＿＿＿

愿意接受信息的方式：＿＿＿＿＿＿＿＿＿＿＿＿＿＿＿＿＿＿＿＿＿

合作信息：

首次下单时间＿＿＿＿＿＿＿＿＿订单量＿＿＿＿＿＿＿＿＿＿＿＿＿

常用支付方式：______________________客户信用评估________________

下订单季节________________________

其他背景信息（生日、习惯、爱好、家庭等个性化信息）

____

____

____

____

____

业务员______________________客户资料登记日________________

附录 15　展中实用英语句型

开场白

☐ Good morning sir，welcome to our booth.
欢迎来到我们的展位。

☐ Thank you very much. Your booth was arranged very nicely.
谢谢。你的展位布置得非常好。

☐ Thank you for your compliment. Would you like to have a seat?
谢谢您的赞赏，请坐。

☐ My name is Zhang ling. 我叫张林。

☐ How do you do? My name is Brandon Smith. Here's my name card.
您好，我是勃兰顿・史密斯，这是我的名片。

☐ And here's mine. 这是我的！

☐ It's nice to meet you. 很高兴与你见面。

☐ And I'm glad to meet you，too. 我也很高兴见到你。

☐ How do I pronounce your name? 你的名字怎么读？

☐ How do I address you? 如何称呼您？

☐ What line of business are you in? 你做哪一行？

☐ I've been expecting you. 我一直在期待您的到来。

☐ May I ask what company you work for?
请问您为哪家公司服务？

☐ I represent ABC Company.
我为 ABC 公司工作。

☐ Are all the components made here in China?
这里所有的元器件都是在中国制造的吗？

☐ Would you like a packet of our promotional literature?
您是否想要一套有关我们公司和产品的介绍？

☐ I'd be glad to help. 我很乐意帮助您。

☐ What about having a look at sample first? 先看一看产品怎么样？

□ I wonder if you can give me more information about this model you are showing.
我想你能否给我更多有关你在介绍的这款展品信息?

□ Excuse me for interrupting you. 请原谅我打扰你。

□ I'm sorry to disturb you. 对不起打扰你一下。

□ Excuse me for a moment. 对不起，失陪一下。

□ Excuse me. I'll be right back. 对不起，我马上回来。

□ I could not catch your question. Could you repeat it, please?
我没听清楚你们的问题，你能重复一次吗?

□ Keep in touch. 保持联系。

□ Thank you for stopping. 谢谢你的光临。

□ Would you like to tour our factory? 您是否有兴趣看看我们的工厂?

□ Yes, if it wouldn't take too long to arrange. I'm due to fly back to the States on Friday.
想啊！如果不是太麻烦花很长时间安排的话，我计划周五回美国。

□ I'm sure we can arrange it before then.
我相信我们能在周五前安排。

□ Would you be interested in talking with our R&D about our ideas for upcoming models?
您是否有兴趣和我们的研发团队交流一下有关我们接下去要开发的新品?

□ Yes, I think that would be useful. Thank you for your help!
是啊，我想这一定很有用，谢谢你的安排!

□ We certainly hope we can solve that problem for you.
我们当然希望我们能为你解决问题。

□ Oh, Mr. Smith, you are from America, have you known our company before?
哦，史密斯先生，您来自美国，你以前知道我们公司吗?

□ Could you tell me something about it?
您能告诉我一些贵公司的情况吗?

□ Yes, our company has engaged in textile production for many years, and our products have been sold all over the world.
我们公司从事纺织品生产多年，产品远销全世界。

□ May I know some of your new products?

能给我介绍一些你们的新产品吗？

□ OK，here are our new products；they are sold very well aboard.

好的，这就是我们的新产品，在国外很畅销。

□ Oh，so many new products，I should say some of them could be found in the market in my country.

噢，这么多的新产品，我想我曾经在我国的市场上见到过你们的一些产品。

□ I' m glad to hear that，take your time and look around，and you are welcome to our factory sometime.

您这么说我很高兴，您慢慢看，也欢迎您随时去我们厂里看一下。

□ Sure，I' m planning to visit some factories after this trade show. By the way，which province are you from?

当然，我计划在交易会结束后到一些厂里去看看。顺便问一下，您是哪个省来的？

介绍工厂和展品

□ How long have you been in the business?

你们从事该行业有多久了？

□ Does your company carry out the entire process of manufacturing?

你们工厂完成了整个生产过程吗？

□ Because we are small，we can respond to changes quickly.

由于我们是小工厂，所以我们能快速应对变化。

□ Styles change from year to year. 式样每年在变化。

□ Our small size makes us very flexible.

我们工厂的小规模使得我们灵活变通。

□ What kind of quality control do you have?

你们采用怎样的质量控制？

□ Well certainly try to meet your requirements.

□ We inspect 15% more of our output than the competition.

我们比同行多检验15%的产品。

□ If they're as good as I think they'll be，my company will be placing ansgroups soon.

如果你们的质量达到我们预期要求，我们将批量订货。

□ How do you pack the goods? 你们是怎样包装的？

☐ No problem. You can see it right here at our booth

没问题，你可以在这里看到这展品。

☐ Thank you for telling me your plant and answering my questions.

谢谢告诉我有关你们工厂信息及回答我的问题。

☐ We've had great success in exporting our products to America，for example.

我们的产品大量成功地出口美国，如：……

☐ You have a good reputation in the field.

你们在这行业有很好的声誉。

☐ We would be only too pleased t o do business with you.

我们很高兴地和你们合作。

☐ I'm looking forward to receiving the samples we talked about.

我期待着收到我们提及的样品。

价格与付款条件

☐ It's considerably cheaper.

这是很便宜的。

☐ What items are you interested in?

你对那个项目感兴趣?

☐ We'd like to ask you to establish a letter of credit in our favor.

我们想要求你们为我们开信用证。

☐ What prices do you offer on these two items?

针对这两款你们如何报价?

☐ The A go for 6 each，and the B is 10，wholesale.

批发价 A 6 元，B 10 元。

☐ Are those prices C. I. F. or F. O. B.？All prices are F. O. B.

这些是到岸价还是离岸价?所有报价是离岸价。

☐ I' m ready to place a trial order as soon as we negotiate final prices.

如果我们能确定最终价格，我将准备下试单。

☐ I'm quite certain that we can satisfy your customers.

我确信我们能满足你的客户。

☐ I'll let you know as soon as a letter of credit is arranged.

信用证一旦安排我会马上让你知道。

☐ I don't think the price on that (×××) is workable for us.

我认为目前有关（×××）的价格对我们来说无法操作。

☐ Our price is reasonable as compared with that in the international market.

我们的价格和国际市场的价格相比还是合理的。

☐ I'm afraid we can't go any lower. 我想我们不能再降价了。

☐ Your price is higher than those we got from elsewhere.

你们的价格比我们从别处得到的报价要高。

☐ The ABC quotation is lower.

ABC 的报价就比较低。

☐ I'm afraid I don't agree with you there.

我不同意您的说法。

☐ You should take quality into consideration.

您必须考虑到质量问题。

☐ It would be very difficult for us to push any sales if we buy it at this price.

如果按这个价格买进，我方实在难以推销。

☐ Your price is 25% higher than that of last year.

你方的价格比去年高出了 25%。

☐ You may notice that the price for this commodity has gone up since last year.

您知道从去年以来这种商品的价格上涨了。

☐ You know, the price for this raw material has gone up a lot in the last few months.

您知道，几个月来这种原材料的价格上涨得很多。

☐ The price for this commodity is US$25 per pound in the international market.

这种商品国际市场的价格是每磅 25 美元。

☐ If your price is favorable, we can book an order right away.

如果对方价格优惠，我们可以马上订货。

☐ We may reconsider our price if your order is big enough.

如果你方订货数量大，价格我们还可以考虑。

☐ All these articles are our best selling lines.

这些产品都是我们的畅销货。

☐ These patterns are relatively popular in the international market.

这些产品的花色是目前国际市场上比较流行的。

☐ It is difficult for us to sell the goods, as your price is so high.

你们的价格那么高，我们很难以这个价格销售。

☐ Thank you for your inquiry. Would you tell us what quantity you require so that we can work out the offer?

谢谢你询价。为了便于我方提出报价，能否请你谈谈你方需求数量?

☐ Here is our FOB price. All the prices in the lists are subject to our final confirmation.

这是我们的FOB价格单。单上所有价格以我方最后确认为准。

☐ In general, our prices are given on a FOB basis.

通常我们的报价都是FOB价。

推荐产品

☐ This is our most recently developed product.

这是我们最近开发的产品。

☐ We'd like to recommend our new products.

我们想推荐我们新产品。

☐ That sounds like the product we had in mind.

那种产品好像就是我们所想要的。

☐ I'm sure you'll be pleased with this product.

我敢保证你会喜欢这种产品。

☐ I'm really positive that this product has all the features you have always wanted.

我确信这款产品拥有各种你所要的功能。

☐ I strongly recommend this product.

我强力推荐这种产品。

☐ If I were you, I'd choose this product.

如果我是你，我就选择这种产品。

☐ We've already had a big demand for this product.

这种产品我们已有很大的需求量。

☐ Let's move on to what makes our product sell so well.

让我来说明是什么原因使我们的产品销售得那么好。

☐ Good. That's just what we want to hear.

很好，那正是我们想要听的。

□ The feature of our product is its light weight.

我们产品的特点就是它很轻。

□ Could we see the specifications for the X200?

我们可以看一下 X200 型的详细规格吗?

□ Certainly. And we also have test results that we're sure you'd be interested to read.

当然，同时我们也有测试结果，我们相信你们会有兴趣看的。

□ How about feed－back from your retailers and consumers?

你们的零售商和消费者的反映怎样?

□ We have that right here in this report.

在这份报告书内就有。

□ Could you tell me some more about your market analysis?

请你多告诉我一些你们的市场分析好吗?

□ Yes, our market analysis tells us our prime user will be between 40 and 60.

好的，我们的市场分析告诉我们，产品主要的使用者年龄将在 40 至 60 岁。

□ How soon can you have your product ready?

你们多久才可以把产品准备好呢?

□ We certainly expect our product to be available by October 1.

我们的产品可在 10 月 1 日前准备好。

□ How did you decide that product was safe?

你怎样决定产品是安全的呢?

□ What's the basis of your belief that the product is safe?

你凭什么相信产品是安全的?

□ I'd like to know how you reached your conclusions.

我想知道你们是如何得出结论的。

签订合同

□ I still have some questions concerning our contract.

就合同方面我还有些问题要问。

□ We are always willing to cooperate with you and if necessary make some concessions.

我们总是愿意合作的，如果需要还可以做些让步。

☐ If you have any comment about these clauses, do not hesitate to make?

对这些条款有何意见，请尽管提，不必客气。

☐ Do you think there is something wrong with the contract?

你认为合同有问题吗？

☐ We'd like you to consider our request once again.

我们希望贵方再次考虑我们的要求。

☐ We'd like to clear up some points connected with the technical part of the contract.

我们希望搞清楚有关合同中技术方面的几个问题。

☐ The negotiations on the rights and obligations of the parties under contract turned out to be very successful.

就合同保方的权利和义务方面的谈判非常成功。

☐ We can't agree with the alterations and amendments to the contract.

我们无法同意对合同工的变动和修改。

☐ We hope that the next negotiation will be the last one before signing the contract.

我们希望下一次谈判将是签订合同前的最后一轮谈判。

☐ We don't have any different opinions about the contractual obligations of both parties.

就合同双方要承担的义务方面，我们没有什么意见。

☐ That's international practice. We can't break it.

☐ 这是国际惯例，我们不能违背。

☐ We are prepared to reconsider amending the contract.

我们可以重新考虑修改合同。

☐ We'll have to discuss about the total contract price.

我们不得不讨论一下合同的总价格问题。

☐ Do you think the method of payment is OK for you?

你们认为结算方式合适吗？

附录16 展中"您好"的百种外语表达法

Country 国家	Language 语言	Greeting 您好
Afghanistan	Dari (Persian)	Assalaam alaikum (muslim)
Albania	Albanian	Njatjeta (Hello).
Algeria	Arabic	Marhaban bikoum
Antigua and Barbuda	English	Hello, How are you?
Argentina	Spanish	Buenos días
Armenia	Armenian	Barevdzez
Australia	English	Hello (Formal), G'Day (Casual)
Austria	German	Guten Tag (Good Day)
Azerbaijan	Azeri	Salam
Bahrain	Arabic	Assalaam alaikum (Peace be with you)
Bangladesh	Bangali/Hindi/Arabic	Adab (Hindu) Assalam Alaikum (Muslim)
Barbados	English	Hello, How are you
Belgium	French/Dutch	Bonjour (Hello, Goeiedag (Good Day)
Belize	English/Spanish	Hello, Buenos días
Benin	French	Bonjour
Bhutan	Dzongkha	Kuzuzangpo
Bolivia	Spanish (Castellano)	Buenos días, Cómo estás
Bosnia and Herzigovina	Slavic	Dobar dan (Good Day)
Botswana	Setswana / English	Dumela Rra/Mma (Male/Female), O tsogile jang
Brazil	Portuguese	Como vai (How are you)
Bulgaria	Bulgarian	Kak ste (How are you)
Burkina Faso	Mooré	Kibare (Hi)

续表

Country 国家	Language 语言	Greeting 您好
Cambodia	Khmer	Sok Serbai (Greetings)
Cameroon	French/ English	Bonjour (Hello)
Canada Atlantic	English/French	Hello, Bonjour (Hello)
Canada Ontario/West	English	Hello, How are you
Canada Québec	French/ English	Bonjour (Hello), Hello, how are you
Cape Verde	Portuguese (Crioulo)	Como estás (Portugese, How are you) Modi ki bu sta (Crioulo, How are you)
Central African Republic	Sango	Bara ala (How are you)
Chad	Chadian Arabic	I baii (How are you)
Chile	Spanish	Cómo estai (How are you)
China	Chinese Mandarin	Ni hao ma? (How do you do)
Colombia	Spanish	Como estás (How are you)
Comoros	French	Bonjour
Congo	Lingala/French	Mbote/Bonjour (Hello)
Costa Rica	Spanish	Buenos Dias (Good Day)
Croatia	Croatian	Zdravo (Be Healthy); Bok (Hi)
Cuba	Spanish	Buenos Dias (Good Day)
Czech Republic	Czech	Tě? í mne (Pleased to meet you)
Denmark	Danish	Dav (Hello)
Dominican Republic	Spanish	Buenos Dias (Good Day)
Ecuador	Spanish	Buenos Dias (Good Day)
Egypt	Arabic	Assalaam alaikum (Peace be with you)
El Salvador	Spanish	Buenos Dias (Good Day)
England	English	Hello, How are you?
Equatorial Guinea	Spanish	Buenos Dias (Good Day)

续表

Country 国家	Language 语言	Greeting 您好
Eritrea	Arabic	Salaam (Hello)
Estonia	Estonian	Tere (Hello)
Ethiopia	Amharic	Endemin neh (How are you)
Fiji	English	Hello, How are you?
Finland	Finish	Moi
France	French	Bonjour
French Polynesia	French	Bonjour
Gabon	French	Bonjour
Gambia	English	Hello, How are you?
Georgia	Georgian	Gamarjoba (Hello)
Germany	German	Guten Tag (Good Day)
Ghana	English	Hello, How are you?
Greece	Greek	Kalimera sas (Good Morning) Kalispera sas (Good Evening)
Grenada	English	Hello, How are you?
Guam	English/Chamorro	Hello, Hafa ada (How are you)
Guatemala	Spanish	Buenos Dias (Good Day)
Guinea	French	Bonjour
Guinea-Bissau	Kriolu	Kuma (How are you)
Guyana	English	Hello, How are you?
Haiti	French	Bonjour
Honduras	Spanish	Buenos Dias (Good Day)
Hong Kong China	Chinese Cantonese	Lei Hou Ma
Hungary	Hungarian	Jó napot kívánok
Iceland	Icelandic	Gó? an daginn (Good Day)
India	English / Hindi	Hello, / Namaste

续表

Country 国家	Language 语言	Greeting 您好
Indonesia	Indonesian	Bagaimana kabarnya (How are you); Assalamu alaikum (Peace be upon you) -Muslim
Iran	Persian Farsi	Dorood (Greetings)
Ireland	English…Irish-Gaelic	Hello, How are you
Israel	Hebrew	Ma Shlomcha
Italy	Italian	Buongiorno (Good morning), Buonasera (Good afternoon), Ciao (Hi)
Jamaica	English	Hello, How are you?
Japan	Japanese	Konnichiwa
Jordan	Arabic	Assalaam alaikum (Peace be with you)
Kazakstan	Kazak	Salemetsis-ba (How are you)
Kenya	English / Swahili	Hello / Jambo (Greetings)
Kiribati	Kiribati	Mauri (blessings)
Korea North	Korean	Anyonghaseyo (Greetings)
Korea South	Korean	Anyonghaseyo (Greetings)
Kyrgystan	Kyrgyz	Salamatsyzby (Hello)
Laos	Lao	Sabaidii (Greetings)
Latvia	Russian	Zdravstvuyte (Hello)
Lebanon	Arabic	Marhaba (Hello)
Lesotho	English / Sesotho	Hello / Lumela
Liechtenstein	German	Grüss Gott (Greetings)
Lithuania	Lithuanian	Laba diena
Luxembourg	Lëtzebuergesch/French	Wéi geet et / Bonjour
Madagascar	Malagasy	Manao ahoana tompoko (How are you)
Malawi	English / Chichewa	Hello / Muli bwanji (How are you)

续表

Country 国家	Language 语言	Greeting 您好
Malaysia	Malay	Apa Khabar (How are you)
Mali	French / Bambara	Bonjour / I ni ce
Malta	Maltese	kif ahna (How are you)
Marshall Islands	English / Marshallese	Hello / Yokwe (Greetings)
Mauritania	Hassaniya	Assalam alaikum (Peace be with you) …muslim
Mauritius	French / English	Bonjour / How are you
Mexico	Spanish	Buenos Dias (Good Day)
Micronesia	English	Hello, How are you?
Moldovia	Romanian	Buna Ziua (Good Day)
Mongolia	Mongol	Ta sain baina uu (How do you do)
Montserrat	English	Hello, How are you?
Morocco	Arabic	Assalaam alaikum (Peace be with you)
Mozambique	Portuguese	Bom dia (Good Day)
Nambia	English / Afrikaans	Hello / Môre (Greetings)
Nepal	Nepali	Namaste (Greetings)
Netherlands	Dutch	Hoe gaat het (How are you)
New Zealand	English / Maori	How are you? Tena koe (Hello)
Nicaragua	Spanish	Buenos Dias (Good Day)
Niger	Hausa / French	Wooshay (Hello) / Bonjour
Nigeria	English	Hello, How are you?
Niue	Niuean	Mafola (How are you?)
Northern Ireland	English	Hello, How are you?
Norway	Norwegian	God dag (Good Day)
Oman	Arabic	Assalaam alaikum (Peace be with you)

续表

Country 国家	Language 语言	Greeting 您好
Pakistan	Urdu	Assalaam alaikum (Peace be with you)
Panama	Spanish	Buenos Dias (Good Day)
Papua New Guinea	English	Hello, How are you?
Paraguay	Spanish	Buenos Dias (Good Day)
Peru	Spanish	Buenos Dias (Good Day)
Philippines	English / Philipino	How are you? / Kumusta ka na (How are you?)
Poland	Polish	Dzień dobry (Good day)
Portugal	Portuguese	Bom dia (Good day)
Puerto Rico	Spanish	Buenos Dias (Good Day)
Qatar	Arabic	Assalaam alaikum (Peace be with you)
Romania	Romanian	Bună ziua (Good day)
Rowanda	Russian	Zdravstvuyte (Hello), Dobry dien (Good day)
Russia	kinyarwanda	Muraho (Hello)
Saint Kitts and Nevis	English	Hello, How are you?
Saint Lucia	English	Hello, How are you?
Saint Vincent and Grenadaines	English	Hello, How are you?
Samoa	Samoan	O a mai oe? (How are you?)
Saudi Arabia	Arabic	Assalaam alaikum (Peace be with you)
Scotland	English	Hello, How are you?
Senegal	French	Bonjour
Sierre Leone	English	Hello, How are you?
Singapore	English	Hello, How are you?
Slovakia	Slovak	Dobrý deň (Good day)
Slovenia	Slovene	Kako se imate? (How are you?)

续表

Country 国家	Language 语言	Greeting 您好
Solomon Islands	English	Hello, How are you?
Somalia	Somali	Nabad (Greetings)
South Africa	Afrikaans	Kunjani (How are you?)
Spain	Spanish	Buenos Dias (Good Day) Ola (Hi)
Sri Lanka	Sinhalese / Tamil	Ayubowan / Vannakkam
Sudan	Arabic	Kayf innakum (How are you)
Swaziland	SiSwati	Sawubona (Greetings)
Sweden	Swedish	God dag (Good day)
Switzerland	German/Swiss/French/	Grütsie (Hi)
Syria	Arabic	Keef haalak? (How are you?)
Taipei	Chinese Mandarin	Ni hao ma? (How are you)
Tajikistan	Tajik	Chee khel shoomo? (How are you?)
Tanzania	Swahili	Hujambo
Thailand	Thai	Sawasdee kraab (Hello)
Togo	French	Bonjour
Tonga	English / Tongan	How are you? / Fefe hake? (How do you do)
Tunisia	French	Bonjour
Turkey	Turkish	NasIlInIz (How are you?)
Tuvalu	English / Tuvaluan	How are you? / Taalofa! (Greetings)
Uganda	Swahili	Hujambo
Ukraine	Ukrainian	Dobryj den' (Good day)
United Arab Emirates	Arabic	Kaif halak? (How are you?)
United States	English	Hello, How are you?
Uruguay	Spanish	Buenos Dias (Good Day)

续表

Country 国家	Language 语言	Greeting 您好
Uzbekistan	Uzbek	Kandaisiz?（How are you?）
Venezuela	Spanish	Buenos Dias（Good Day）
Vietnam	Vietnamese	Co khoe khong?（How are you doing）
Virgin Islands	English	Hello，How are you?
Wales	English	Hello，How are you?
West Bank of Gaza	Arabic	Marhabah keif Halak?（Hello，how are you doing）
Yemen	Arabic	Marhabah keif Halak?（Hello，how are you doing）
Yugoslavia	Serbian	Dobar dan（Good day）
Zambia	English / Icibemba	How are you/Mulibwanji?（How are you?）
Zimbabwe	Shona	Makadii（How are you?）

附录 17　各国客户上班时间表

世界各国客户上班时间（以 8：00 北京时间为准）

国家（英文）	国家代码	对应中国时间
亚洲		
Bahrain 巴林	973	13：00
Burma 缅甸	95	9：30
D. P. R. Korea 朝鲜	850	7：00
India 印度	91	11：00
Indonesia 印度尼西亚	62	9：00
Iran 伊朗	98	13：00
Iraq 伊拉克	964	13：00
Israel 以色列	972	14：00
Japan 日本	81	7：00
Jordan 约旦	962	14：00
Kuwait 科威特	965	13：00
Laos 老挝	856	9：00
Lebanon 黎巴嫩	961	14：00
Malaysia 马来西亚	60	8：00
Maldives 马尔代夫	960	10：30
Nauru 瑙鲁	674	4：00
Nepal 尼泊尔	977	11：00
Oman 阿曼	968	12：00
Pakistan 巴基斯坦	92	11：00
Philippines 菲律宾	63	8：00
Qatar 卡塔尔	974	13：00
Saudi Arabia 沙特阿拉伯	966	13：00
Singapore 新加坡	65	8：30
South Korea 韩国	82	7：00
Vietnam 越南	84	9：00

欧洲

Albania 阿尔巴尼亚	355	15：00
Andorra 安道尔	376	16：00
Austria 奥地利	43	15：00
Belgium 比利时	32	15：00
Bulgaria 保加利亚	359	14：00
Cyprus 塞浦路斯	357	14：00
Czech 捷克	42	15：00
Denmark 丹麦	45	15：00
Dominica 多米尼加	1809	21：00
Finland 芬兰	358	14：00
France 法国	33	15：00
Germany 德国	49	15：00
Greece 希腊	30	14：00
Hungary 匈牙利	36	15：00
Iceland 冰岛	354	5：00
Ireland 爱尔兰	353	16：00
Italy 意大利	39	15：00
Liechtenstein 列支敦士登	4175	15：00
Luxemburg 卢森堡	352	15：00
Malta 马耳他	56	15：00
Monaco 摩纳哥	3393	14：00
Netherlands Holland 荷兰	31	15：00
Norway 挪威	47	15：00
Poland 波兰	48	15：00
Portugal 葡萄牙	351	16：00
Romania 罗马尼亚	40	14：00
Slovakia 斯洛伐克	42	15：00
Spain 西班牙	34	15：00
Sweden 瑞典	46	5：00
U. K. 英国	44	16：00
Vatican 梵蒂冈	39	15：00

Yugoslavia 南斯拉夫 38	15：00	

北美

USA 美国	1	21：00
Canada 加拿大	1	21：00

拉美

Belize 伯利兹	501	22：00
Brazil 巴西	55	19：00
Chile 智利	56	20：00
Cuba 古巴	53	21：00
Guatemala 危地马拉	502	22：00
Guyana 圭亚那	592	19：00
Haiti 海地	509	21：00
Honduras 洪都拉斯	504	22：00
Jamaica 牙买加	1809	20：00
Mexico 墨西哥	52	22：00
Panama 巴拿马	507	21：00
Peru 秘鲁	51	21：00
Uruguay 乌拉圭	589	19：00

南美

Argentina 阿根廷	54	19：00
Bolivia 玻利维亚	591	20：00
Chile 智利	56	20：00
Colombia 哥伦比亚	57	21：00
Ecuador 厄瓜多尔	593	21：00
Venezuela 委内瑞拉	58	21：00

大洋洲

Australia 澳大利亚	6	16：00
Togo 汤加	676	3：00

Nauru 瑙鲁	674	4：00
非洲		
Algeria 阿尔及利亚	213	15：00
Angola 安哥拉	244	15：00
Burundi 布隆迪	257	14：00
Cameroon 喀麦隆	237	15：00
Chad 乍得	235	15：00
Congo 刚果	242	15：00
Egypt 埃及	20	14：00
Guinea 几内亚	224	16：00
Kenya 肯尼亚	254	13：00
Liberia 利比里亚	231	16：00
Libya 利比亚	218	14：00
Madagascar 马达加斯加	261	13：00
Mali 马里	223	16：00
Mauritius 毛里求斯	230	12：00
Morocco 摩洛哥	212	14：00
Niger 尼日尔	227	16：00
Nigeria 尼日利亚	234	15：00
Senegal 塞内加尔	221	16：00
Somali 索马里	252	13：00
Sudan 苏丹	249	14：00
Tanzania 坦桑尼亚	255	13：00
Togo 多哥	228	16：00
Tunisia 突尼斯	216	15：00
Zaire 扎伊尔	243	15：00
Zambia 赞比亚	260	14：00
Zimbabwe 津巴布韦	263	14：00

书目介绍

乐 贸 系 列

书名	作者	定价	书号	出版时间
外贸职场高手系列				
1. 外贸菜鸟成长记(0～3岁)	何嘉美	35.00元	978-7-5175-0070-4	2015年6月第1版
2. JAC外贸工具书——JAC和他的外贸故事	JAC	45.00元	978-7-5175-0053-7	2015年7月第1版
外贸操作实务子系列				
1. 实用外贸技巧助你轻松拿订单(第二版)	王陶(波锅涅)	30.00元	978-7-5175-0072-8	2015年7月第2版
2. 外贸全流程攻略——进出口经理跟单手记	温伟雄	33.00元	978-7-5175-0015-5	2014年5月第1版
3. 出口营销实战(第三版)	黄泰山	45.00元	978-7-80165-932-3	2013年1月第3版
4. 外贸实务疑难解惑220例	张浩清	38.00元	978-7-80165-853-1	2012年1月第1版
5. 外贸高手客户成交技巧	毅 冰	35.00元	978-7-80165-841-8	2012年1月第1版
6. 外贸纠纷处理实务——案例与技巧	熊志坚	35.00元	978-7-80165-789-3	2011年1月第1版
7. 报检七日通	徐荣才 朱瑾瑜	22.00元	978-7-80165-715-2	2010年8月第1版
8. 外贸业务经理人手册(第2版)	陈文培	39.00元	978-7-80165-671-1	2010年1月第1版
9. 外贸会计实务精要	疏 影	28.00元	978-7-80165-633-9	2009年5月第1版
10. 外贸实用工具手册	本书编委会	32.00元	978-7-80165-558-5	2009年1月第1版
11. 外贸实务经验分享33例	沱沱网中文站	28.00元	978-7-80165-560-8	2009年1月第1版
12. 外贸实务案例精华80篇	刘德标 吴珊红	29.80元	978-7-80165-561-5	2009年1月第1版
13. 快乐外贸七讲	朱芷萱	22.00元	978-7-80165-373-4	2009年1月第1版
14. 危机生存——十位经理人谈金融危机下的经营之道	本书编委会	22.00元	978-7-80165-586-8	2009年1月第1版
15. 外贸七日通(最新修订版)	黄海涛(深海鱿鱼)	22.00元	978-7-80165-397-0	2008年8月第3版
16. 金牌外贸业务员找客户——17种方法·案例·评析	陈念祥 张思羽	35.00元	978-7-80165-543-1	2008年8月第2版
17. 出口营销策略(《出口营销实战》升级版)	黄泰山 冯斌	35.00元	978-7-80165-459-5	2008年5月第1版

书名	作者	定价	书号	出版时间
18. 进口实务操作指南——步骤·实例·经验技巧	中国进口网	55.00 元	978-7-80165-493-9	2008 年 5 月第 1 版

出口风险管理子系列

书名	作者	定价	书号	出版时间
1. 轻松应对出口法律风险	韩宝庆	39.80 元	978-7-80165-822-7	2011 年 9 月第 1 版
2. 出口风险管理实务(第二版)	冯　斌	48.00 元	978-7-80165-725-1	2010 年 4 月第 2 版
3. 50 种出口风险防范	王新华　陈丹凤	35.00 元	978-7-80165-647-6	2009 年 8 月第 1 版

外贸单证操作子系列

书名	作者	定价	书号	出版时间
1. 跟单信用证一本通	何源	35.00 元	978-7-80165-849-4	2012 年 1 月第 1 版
2. 信用证审单有问有答 280 例	李一平　徐珺	37.00 元	978-7-80165-761-9	2010 年 8 月第 1 版
3. 外贸单证经理的成长日记	曹顺祥	38.00 元	978-7-80165-716-9	2010 年 3 月第 1 版
4. 外贸单证解惑 280 例	龚玉和　齐朝阳	38.00 元	978-7-80165-638-4	2009 年 7 月第 1 版
5. 信用证 6 小时教程	黄海涛（深海鱿鱼）	25.00 元	978-7-80165-624-7	2009 年 4 月第 2 版
6. 跟单高手教你做跟单	汪　德	32.00 元	978-7-80165-623-0	2009 年 4 月第 1 版
7. 外贸单证处理技巧（第 3 版）	屈　韬	42.00 元	978-7-80165-516-5	2008 年 5 月第 1 版
8. 进出口单证实务案例评析	袁永友　柏望生	33.00 元	978-7-80165-371-8	2006 年 8 月第 1 版

福步外贸高手子系列

书名	作者	定价	书号	出版时间
1. 巧用外贸邮件拿订单	刘　裕	45.00 元	978-7-80165-966-8	2013 年 8 月第 1 版
2. 小小开发信　订单滚滚来——外贸开发信写作技巧及实用案例分析	薄如骢	26.00 元	978-7-80165-551-6	2008 年 8 月第 1 版
3. 外贸技巧与邮件实战	刘　云	28.00 元	978-7-80165-536-3	2008 年 7 月第 1 版

国际物流操作子系列

书名	作者	定价	书号	出版时间
1. 货代高手教你做货代——优秀货代笔记(第二版)	何银星	33.00 元	978-7-5175-0003-2	2014 年 2 月第 2 版
2. 国际物流操作风险防范——技巧·案例分析	孙家庆	32.00 元	978-7-80165-577-6	2009 年 4 月第 1 版
3. 集装箱运输与海关监管	赵　宏	23.00 元	978-7-80165-559-2	2009 年 1 月第 1 版

通关实务子系列

书名	作者	定价	书号	出版时间
1. 外贸企业轻松应对海关估价	熊　斌　赖　芸　王卫宁	35.00 元	978-7-80165-895-1	2012 年 9 月第 1 版

书名	作者	定价	书号	出版时间
2. 报关实务一本通（第2版）	苏州工业园区海关	35.00元	978-7-80165-889-0	2012年8月第2版
3. 如何通过原产地证尽享关税优惠	南京出入境检验检疫局	50.00元	978-7-80165-614-8	2009年4月第3版
4. 海关进出口商品归类基础与训练	温朝柱	36.00元	978-7-80165-496-0	2009年1月第1版
5. 最新报关单填制实用辅导	盛新阳　彭飞	38.00元	978-7-80165-497-7	2008年10月第1版
6. 最新商品归类技巧	赵　宏	38.00元	978-7-80165-520-2	2008年9月第1版

彻底搞懂子系列

书名	作者	定价	书号	出版时间
1. 彻底搞懂信用证（第二版）	王腾　曹红波	35.00元	978-7-80165-840-1	2011年11月第2版
2. 彻底搞懂中国自由贸易区优惠	刘德标　祖月	34.00元	978-7-80165-762-6	2010年8月第1版
3. 彻底搞懂贸易术语	陈　岩	33.00元	978-7-80165-719-0	2010年2月第1版
4. 彻底搞懂海运航线	唐丽敏	25.00元	978-7-80165-644-5	2009年7月第1版
5. 彻底搞懂提单	张敏　赵通	29.80元	978-7-80165-602-5	2009年6月第1版
6. 彻底搞懂关税	孙金彦	29.00元	978-7-80165-618-6	2009年6月第1版

外贸英语实战子系列

书名	作者	定价	书号	出版时间
1. 十天搞定外贸函电	毅　冰	38.00元	978-7-80165-898-2	2012年10月第1版
2. 外贸高手的口语秘籍	李　凤	35.00元	978-7-80165-838-8	2012年2月第1版
3. 外贸英语函电实战	梁金水	25.00元	978-7-80165-705-3	2010年1月第1版
4. 外贸英语口语一本通	刘新法	29.00元	978-7-80165-537-0	2008年8月第1版
5. 英汉物流词汇精析——结合实务操作	应海新	68.00元	978-7-80165-517-2	2008年5月第1版

外贸谈判子系列

书名	作者	定价	书号	出版时间
1. 外贸英语谈判实战	王慧　吴旻　张海军　蒋晓杰　仲颖	32.00元	978-7-80165-767-1	2010年9月第1版
2. 外贸谈判策略与技巧	赵立民	26.00元	978-7-80165-645-2	2009年7月第1版

国际商务往来子系列

书名	作者	定价	书号	出版时间
国际商务礼仪大讲堂	李嘉珊	26.00元	978-7-80165-640-7	2009年12月第1版

贸易展会子系列

书名	作者	定价	书号	出版时间
外贸参展全攻略——如何有效参加B2B贸易商展（第三版）	钟景松	38.00元	978-7-5175-0076-6	2015年8月第3版

书名	作者	定价	书号	出版时间
区域市场开发子系列				
中东市场开发实战	刘军　沈一强	28.00 元	978-7-80165-650-6	2009 年 9 月第 1 版
国际结算子系列				
1. 国际结算函电实务	周红军　阎之大	40.00 元	978-7-80165-732-9	2010 年 5 月第 1 版
2. 出口商如何保障安全收汇——L/C、D/P、D/A、O/A 精讲	庄乐梅	85.00 元	978-7-80165-491-5	2008 年 5 月第 1 版
国际贸易金融工具子系列				
1. 出口信用保险——操作流程与案例	中国出口信用保险公司	35.00 元	978-7-80165-522-6	2008 年 5 月第 1 版
2. 福费廷	周红军	26.00 元	978-7-80165-451-9	2008 年 1 月第 1 版
加工贸易操作子系列				
1. 加工贸易实务操作与技巧	熊　斌	35.00 元	978-7-80165-809-8	2011 年 4 月第 1 版
2. 加工贸易达人速成——操作案例与技巧	陈秋霞	28.00 元	978-7-80165-891-3	2012 年 7 月第 1 版
乐税子系列				
1. 外贸会计账务处理实务——经验 · 技巧分享	徐玉树	38.00 元	978-7-80165-958-3	2013 年 8 月第 1 版
2. 生产企业免抵退税实务——经验 · 技巧分享(第二版)	徐玉树	42.00 元	978-7-80165-936-1	2013 年 2 月第 2 版
3. 外贸企业出口退(免)税常见错误解析 100 例	周朝勇	49.80 元	978-7-80165-933-0	2013 年 2 月第 1 版
4. 生产企业出口退(免)税常见错误解析 115 例	周朝勇	49.80 元	978-7-80165-901-9	2013 年 1 月第 1 版
5. 外汇核销指南	陈文培等	22.00 元	978-7-80165-824-1	2011 年 8 月第 1 版
6. 外贸企业出口退税操作手册	中国出口退税咨询网	42.00 元	978-7-80165-818-0	2011 年 5 月第 1 版
7. 生产企业免抵退税从入门到精通	中国出口退税咨询网	98.00 元	978-7-80165-695-7	2010 年 1 月第 1 版
专业报告子系列				
1. 国际工程风险管理	张　燎	1980.00 元	978-7-80165-708-4	2010 年 1 月第 1 版
2. 涉外型企业海关事务风险管理报告	《涉外型企业海关事务风险管理报告》研究小组	1980.00 元	978-7-80165-666-7	2009 年 10 月第 1 版

书名	作者	定价	书号	出版时间
外贸企业管理子系列				
1. 小企业做大外贸的制胜法则——职业外贸经理人带队伍手记	胡伟锋	35.00 元	978-7-5175-0071-1	2015 年 7 月第 1 版
2. 小企业做大外贸的四项修炼	胡伟锋	26.00 元	978-7-80165-673-5	2010 年 1 月第 1 版
国际贸易金融子系列				
1. 国际贸易金融服务全程通（第二版）	郭党怀 张丽君 张贝	43.00 元	978-7-80165-864-7	2012 年 1 月第 2 版
2. 国际结算与贸易融资实务	李华根	42.00 元	978-7-80165-847-0	2011 年 12 月第 1 版
毅冰谈外贸子系列				
毅冰私房英语书——七天秀出外贸口语	毅 冰	35.00 元	978-7-80165-965-1	2013 年 9 月第 1 版

“实用型”报关与国际货运专业教材

书名	作者	定价	书号	出版时间
1. 供应链管理实务	张远昌	48.00 元	978-7-5175-0051-3	2015 年 4 月第 1 版
2. 电子口岸实务（第二版）	林青	35.00 元	978-7-5175-0027-8	2014 年 6 月第 2 版
3. 报检实务（第二版）	孔德民	38.00 元	978-7-80165-999-6	2014 年 3 月第 2 版
4. 进出口商品归类实务（第二版）	林 青	45.00 元	978-7-80165-902-6	2013 年 1 月第 2 版
5. 现代关税实务（第 2 版）	李 齐	35.00 元	978-7-80165-862-3	2012 年 1 月第 2 版
6. 国际贸易单证实务（第 2 版）	丁行政	45.00 元	978-7-80165-855-5	2012 年 1 月第 2 版
7. 报关实务（第 3 版）	杨鹏强	45.00 元	978-7-80165-825-8	2011 年 9 月第 3 版
8. 海关概论（第 2 版）	王意家	36.00 元	978-7-80165-805-0	2011 年 4 月第 2 版
9. 国际集装箱班轮运输实务	林益松 郑海棠	43.00 元	978-7-80165-770-1	2010 年 9 月第 1 版
10. 国际货运代理操作实务	杨鹏强	45.00 元	978-7-80165-709-1	2010 年 1 月第 1 版
11. 航空货运代理实务	杨鹏强	37.00 元	978-7-80165-707-7	2010 年 1 月第 1 版
12. 进出口商品归类实务——实训题参考答案	林 青	12.00 元	978-7-80165-692-6	2009 年 12 月第 1 版

“精讲型”国际贸易核心课程教材

书名	作者	定价	书号	出版时间
1. 国际贸易单证精讲（第 4 版）	田运银	45.00 元	978-7-5175-0058-2	2015 年 6 月第 4 版
2. 国际贸易操作实训精讲（第 2 版）	田运银 胡少甫 史 理 朱东红	48.00 元	978-7-5175-0052-0	2015 年 2 月第 2 版

书名	作者	定价	书号	出版时间
3. 国际贸易实务精讲（第6版）	田运银	48.00元	978-7-5175-0032-2	2014年8月第6版
4. 进出口商品归类实务精讲	倪淑如 倪 波 田运银	48.00元	978-7-5175-0016-2	2014年7月第1版
5. 外贸单证实训精讲	龚玉和 齐朝阳	42.00元	978-7-80165-937-8	2013年4月第1版
6. 外贸英语函电实务精讲	傅龙海	42.00元	978-7-80165-935-4	2013年2月第1版
7. 国际结算实务精讲	庄乐梅 李 菁	49.80元	978-7-80165-929-3	2013年1月第1版
8. 报关实务精讲	孔德民	48.00元	978-7-80165-886-9	2012年6月第1版
9. 国际电子商务实务精讲	冯晓宁	45.00元	978-7-80165-874-6	2012年5月第1版
10. 国际商务谈判实务精讲	王 慧 唐力忻	26.00元	978-7-80165-826-5	2011年9月第1版
11. 国际会展实务精讲	王重和	38.00元	978-7-80165-807-4	2011年5月第1版
12. 国际贸易实务疑难解答	田运银	20.00元	978-7-80165-718-3	2010年9月第1版
13. 集装箱运输系统与操作实务精讲	田聿新 杨永志	38.00元	978-7-80165-642-1	2009年7月第1版
14. 国际货运代理实务精讲	杨占林	39.00元	978-7-80165-636-0	2009年6月第1版
15. 海关法教程（第2版）	刘达芳	40.00元	978-7-80165-605-6	2009年3月第1版

“实用型”国际贸易课程教材

书名	作者	定价	书号	出版时间
1. 外贸跟单实务	罗 艳	48.00元	978-7-80165-954-5	2013年8月第1版
2. 国际贸易实务	丁行政 罗艳	48.00元	978-7-80165-962-0	2013年8月第1版

电子商务大讲堂·外贸培训专用

书名	作者	定价	书号	出版时间
1. 外贸操作实务	本书编委会	30.00元	978-7-80165-621-6	2009年5月第1版
2. 网上外贸——如何高效获取订单	本书编委会	30.00元	978-7-80165-620-9	2009年5月第1版
3. 出口营销指南	本书编委会	30.00元	978-7-80165-619-3	2009年5月第1版
4. 外贸实战与技巧	本书编委会	30.00元	978-7-80165-622-3	2009年5月第1版

中小企业财会实务操作系列丛书

书名	作者	定价	书号	出版时间
1. 小企业会计疑难解惑300例	刘华 刘方周	39.80元	978-7-80165-845-6	2012年1月第1版
2. 做顶尖成本会计应知应会150问	张 胜	38.00元	978-7-80165-819-7	2011年8月第1版
3. 会计实务操作一本通	吴虹雁	35.00元	978-7-80165-751-0	2010年8月第1版

“关务通”品牌图书

关务通·电子口岸系列

书名	作者	定价	书号	出版时间
1.《电子口岸实用功能(第二版)》	“关务通·电子口岸系列”编委会	46.00元	978-7-5175-0040-7	2014年11月第2版
2.《电子口岸实务操作与技巧——通关篇(第二版)》	“关务通·电子口岸系列”编委会	48.00元	978-7-5175-0037-7	2014年11月第2版
3.《电子口岸实务操作与技巧——加贸篇(第二版)》	“关务通·电子口岸系列”编委会	48.00元	978-7-5175-0035-3	2014年11月第2版
4.《电子口岸疑难解惑800例》	“关务通·电子口岸系列”编委会	48.00元	978-7-5175-0039-1	2014年11月第1版

关务通·加贸系列

书名	作者	定价	书号	出版时间
1.《<中华人民共和国海关审定内销保税货物完税价格办法>实用指南》	“关务通·加贸系列”编委会	80.00元	978-7-5175-0012-4	2014年6月第1版
2.《加工贸易及保税监管政策实务》	“关务通·加贸系列”编委会	70.00元	978-7-5175-0013-1	2014年6月第1版
3.《加工贸易典型案例启示录》	“关务通·加贸系列”编委会	60.00元	978-7-5175-0014-8	2014年6月第1版
4.《加工贸易实务操作与技巧》	“关务通·加贸系列”编委会	60.00元	978-7-80165-927-9	2013年3月第1版
5.《海关特殊监管区域和保税监管场所实务操作与技巧》	“关务通·加贸系列”编委会	60.00元	978-7-80165-926-2	2013年3月第1版
6.《加工贸易疑难解惑280例》	“关务通·加贸系列”编委会	60.00元	978-7-80165-928-6	2013年3月第1版

关务通·原产地系列

书名	作者	定价	书号	出版时间
1.《原产地实务操作与技巧》	“关务通·原产地系列”编委会	70.00元	978-7-80165-981-1	2013年10月第1版
2.《原产地疑难解惑470例》	“关务通·原产地系列”编委会	70.00元	978-7-80165-983-5	2013年10月第1版
3.《如何从原产地淘金》	“关务通·原产地系列”编委会	90.00元	978-7-80165-982-8	2013年10月第1版

关务通·监管通关系列

书名	编者	定价	ISBN	版次
1.《便捷通关一本通》	“关务通·监管通关系列”编委会	60.00 元	978-7-80165-984-2	2013 年 10 月第 1 版
2.《快速通关自查手册》	“关务通·监管通关系列”编委会	60.00 元	978-7-80165-979-8	2013 年 10 月第 1 版
3.《进出境物品通关攻略》	“关务通·监管通关系列”编委会	60.00 元	978-7-80165-978-1	2013 年 10 月第 1 版
4.《通关典型案例启示录》	“关务通·监管通关系列”编委会	60.00 元	978-7-80165-980-4	2013 年 10 月第 1 版
5.《监管通关政策实用指导手册》	“关务通·监管通关系列”编委会	78.00 元	978-7-80165-907-1	2012 年 10 月第 1 版
6.《通关实务操作与技巧——货物、运输工具篇》	“关务通·监管通关系列”编委会	48.00 元	978-7-80165-909-5	2012 年 10 月第 1 版
7.《通关实务操作与技巧——进出境物品篇》	“关务通·监管通关系列”编委会	26.00 元	978-7-80165-905-7	2012 年 10 月第 1 版
8.《通关疑难解惑 720 例》	“关务通·监管通关系列”编委会	48.00 元	978-7-80165-903-3	2012 年 10 月第 1 版

关务通·稽查系列

书名	编者	定价	ISBN	版次
《小王在海关稽查的日子——企业如何配合海关稽查》	“关务通·稽查系列”编委会	70.00 元	978-7-80165-925-5	2013 年 3 月第 1 版

关务通·双语系列

书名	编者	定价	ISBN	版次
《国际海关新视野》	上海海关	60.00 元	978-7-80165-918-7	2012 年 12 月第 1 版

关务通·教材系列

书名	编者	定价	ISBN	版次
《电子口岸实务精讲》	“关务通·电子口岸系列”编委会	45.00 元	978-7-5175-0050-6	2015 年 1 月第 1 版

以上图书均可在中国海关出版社网上书店(www. hgcbs. com. cn)、当当网、卓越网、京东网及各地新华书店等处购买。若有其他购书意向,请与本社发行部联系,联系电话:(010)65195616/5127/4221/4238/4246/4247。

若想了解更多书讯,可关注中国海关出版社官方微信平台,微信号:hgbook。